Klaus Huttary

Wohnungskauf – einfach erklärt!

Mit vielen praktischen Tipps

Klaus Huttary

Wohnungskauf – einfach erklärt!

Mit vielen praktischen Tipps

Re Di Roma-Verlag

Bibliografische Information der Deutschen Nationalbibliothek:
Die Deutsche Nationalbibliothek verzeichnet diese Publikation in der Deutschen Nationalbibliografie; detaillierte bibliografische Daten sind im Internet über http://dnb.ddb.de abrufbar.

ISBN 978-3-86870-681-9

Umschlagillustration:
© Sergey Peterman - Fotolia.com

www.rediroma-verlag.de
17,95 Euro (D)
18,50 Euro (AT)

Inhaltsverzeichnis

Vorwort

Mein Name ist Klaus Huttary und für mich ist es ein Bedürfnis, mein seit den 90er Jahren angesammeltes Wissen praxisnah an den Käufer weiterzugeben. Beim Immobilienkauf gibt es sehr viele Aspekte, welche man im Vorfeld abklären sollte. Dadurch erspart man sich auf kurz oder lang sehr viel Zeit und vor allem sehr viel Geld. Dieses Buch sollte ein Wegbegleiter beim Kauf von selbst genutzten Wohnungen sein und auch als Nachschlagewerk bei Fragen dienen.

Die eigene Immobilie ist der sehnlichste Wunsch von Herr und Frau Österreich (nach dem Auto, Anm.). Der Schritt, sich eine Immobilie zu kaufen, sollte gut überlegt werden. Zuerst ist es notwendig, den eigenen Bedarf zu ermitteln, um zu wissen, was man braucht und was man will. Nachdem dieses Thema ein sehr lebendiges ist, beziehen sich die Angaben auf die Daten aus dem Jahr 2014. Dieses Buch wird in weiterer Folge immer aktualisiert.

Ich wünsche Ihnen viel Freude bei der Wahl Ihrer Immobilie!

… warum dieses Buch?

Ich habe, so wie sehr viele Österreicher im Laufe dieses Jahres, den Bescheid über die zu erwartende Pension erhalten. Ich denke, es geht uns allen gleich. Mit dem voraussichtlichen Pensionseinkommen können viele den Lebensunterhalt im Ruhestand nicht bestreiten, geschweige denn sich die notwendigsten Ausgaben wie Miete, Betriebskosten, Lebenshaltungskosten und vielleicht noch ein Auto leisten. Mir ist es ein Anliegen, den Lesern dieses Buches diese Problematik vor Augen zu führen, um für die Zukunft eine passende Vorsorge zu treffen.

Die für mich beste Vorsorge ist wohl die eigene Immobilie. Denn sobald das Eigenheim abbezahlt ist, sind die einzigen Kosten im Ruhestand die Betriebskosten. Deswegen ist es von Vorteil, so bald wie möglich die eigenen vier Wänden in Angriff zu nehmen. – Doch wie gehe ich das Ganze an?

Die folgenden beiden Schritte sollten Ihnen ein Wegweiser für einen gesicherten Ruhestand bieten:

1. Die Ansparphase: Sparen Sie in jungen Jahren so viel Geld an, wie Ihnen nur mög-

lich ist! Für die Schaffung von Wohnraum sollte Ihnen zumindest ein Eigenkapital von ca. 20% des Kaufpreises zur Verfügung stehen. Das Problem ist nur, in jungen Jahren verdient man wenig, aber gerade deshalb ist es wichtig, das Übrige anzusparen. Sie sollten in etwa 30 bis 35% des monatlichen Einkommens für Wohnzwecke bei Seite legen. Folgende Grafik verschafft Ihnen einen Überblick, wie viel Sie monatlich sparen müssen, um in der angegebenen Zeitspanne den gewünschten Betrag zur Verfügung zu haben:

Bei 2,5 %	**Laufzeit in Jahren**	**5**	**7**	**10**	**12**
monatlich					
100		6.300	9.100	13.600	16.700
150		9.500	13.700	20.400	25.100
200		12.700	18.300	27.200	33.500
300		19.100	27.500	40.800	50.300
500		31.900	45.800	68.000	83.800

2. Die Darlehensphase: In dieser Phase ist es wichtig, die Gesamtbelastung nicht über 35% des gesamten Nettoeinkommens steigen zu lassen – auch nicht, wenn die Zinsen steigen! – Bitte vergessen Sie niemals, dass die aktuelle Zinssituation eher eine Ausnahme in den letzten 30 Jahren darstellt. Wählen Sie die monatliche Rate vernünftig, damit Ihr Wohntraum nicht zum Albtraum wird. Die Darlehenslaufzeit sollte so gestaltet werden, dass Sie zum Antritt Ihrer Pension abbezahlt ist, zumindest durch die wohlersehnte Abfertigung, und dass somit alle Verbindlichkeiten getilgt sind.

Wenn Sie dies bei der Suche Ihrer Immobilie beherzigen, dann können auch Sie den wohlverdienten Ruhestand genießen und mit dem verbleibenden Geld auch die eine oder andere Reise antreten

Ich wünsche Ihnen viel Erfolg, beim »Schmieden« Ihrer Zukunft! Wir sind alle gefordert etwas zu machen!

Statistik in Österreich

Der Wohnbedarf in Österreich steigt unaufhörlich. Derzeit existieren ca. 3,6 Millionen Hauptwohnsitzwohnungen, wobei sich die größte Anzahl auf Hauseigentümer sowie Hauptmieter erstreckt. Beide zusammen machen ca. 80% der Rechtsverhältnisse in Österreich aus. Die durchschnittliche Nutzfläche beträgt 99,5 m² und variiert sehr stark, was den Wohntyp anbelangt. Die Nutzfläche bei Eigentumswohnungen beträgt ca. 83,7 m² und bei Hauseigentümern ca. 137,8 m². Die meisten Wohnungen weisen 3 bis 4 Wohnräume auf.

Insgesamt ist der Wohnungsbestand seit 2008 um ca 3 % gestiegen.

Eigentumswohnungen

Erläuterungen zum Wohnungseigentumsgesetz von 1975:

Wohnungseigentum ist das Miteigentum an einer Liegenschaft, verbunden mit dem Nutzungsrecht und Verfügungsrecht an einer bestimmten Wohnung. Festgesetzt wird der Miteigentumsanteil, genannt Mindestanteil, vom Gericht nach dem Nutzwert. Der Nutzwert einer Wohnung wird nach einem Aufteilungsschlüssel im Verhältnis zum gesamten Nutzwert eines Wohnhauses und der Liegenschaft ermittelt. Dabei wird neben der Wohnungsgröße auch die Wohnqualität berücksichtigt. Die Nutzwertfestsetzung ist eine Voraussetzung für die Begründung von Wohnungseigentum.

Mit dem Mindestanteil wird das mit der Wohnung untrennbar verbundene Wohnungseigentumsrecht im Grundbuch eingetragen. Die Wohnung und der Mindestanteil bilden eine Einheit, die nur gemeinsam belastet, veräußert oder übertragen werden kann.

Eine Eigentumswohnung kann nur einem Eigentümer gehören; lediglich Ehegatten können gemeinsam Wohnungseigentümer werden (ab 1.7.2002 auch Nicht-Ehepaare).

Im täglichen Sprachgebrauch werden Personen bereits als Wohnungseigentümer bezeichnet, die nur das Anwartschaftsrecht auf eine Wohnung erworben haben. Wohnungseigentümer wird man jedoch erst, wenn für die Wohnung formal Wohnungseigentum wie beschrieben begründet worden ist.

Ob es sich um eine Eigentumswohnung handelt, ist sehr leicht festzustellen: Im Grundbuch muss das Wort »Wohnungseigentum« aufscheinen.

Mieten oder Kaufen

… das ist wohl die entscheidendste Frage, Warum kauft man sich eine Wohnung?

Die meisten würden sagen »Damit ich in der Pension keine allzu hohen Wohnungskosten habe!« Dem pflichte ich auch ohne zu überlegen bei. Interessant ist nur, dass gerade diese Personen Wohnungen im dritten oder vierten Obergeschoß eines Mehrparteienhauses besitzen, in dem kein Lift vorhanden ist! Dies wird natürlich im Alter schwierig, wenn ich mit einem vollen Einkaufskorb nach Hause komme und mich die Geschosse hochquälen muss.

Bei einer Mietwohnung muss ich mir überlegen, wie lange ich in dieser Wohnung bleiben möchte, bzw. wie hoch die Wohnkosten bei dieser Wohnung sind. Wenn ich jetzt davon ausgehe, dass eine durchschnittliche Mietwohnung in Österreich ca. € 6,50 je m² kostet und ich vorhabe, mindestens für die nächsten 10 Jahre in dieser Wohnung zu bleiben, so gebe ich für diesen Aufwand bei einer durchschnittlichen Wohnungsgröße von ca. 70 m² einen Betrag von € 60.000,- (inkl. Inflation) aus.

Dem gegenüber sehe ich nun eine Eigentumswohnung in selbiger Größe und einem durchschnittlichem Kaufpreis (gebraucht) in der Höhe von € 1.700,- je m². Die Gesamtinvestition beträgt somit € 119.000,- (exklusive Kaufnebenkosten, excl. Finanzierungskosten). Die Kauf- und Finanzierungsnebenkosten für ca. 10 Jahre betragen hier im Beispiel ca. € 47.000,- . In diesem Fall muss ich jedoch berücksichtigen, dass Immobilien einer Wertsteigerung in der Regel von ca. 1,5 % p.a. unterliegen (in den letzten Jahren war dies bei weitem höher). Somit könnte ich die Wohnung für ca. 135.000,- verkaufen. Dieser Wert ist natürlich ebenso inflationsbereinigt. Der Aufwand für die vergleichbare Eigentumswohnung liegt daher bei € 31.000,- und ist somit um ca. die Hälfte günstiger als die vergleichbare Mietwohnung.

Bitte beachten Sie in diesem Rechenbeispiel die durchschnittlichen Preise. Bei sehr überteuerten Immobilien wird sich diese Rechnung wahrscheinlich nicht zu Gunsten des Käufers ausgehen. Aber dazu kommen im Kapitel »Wert der Wohnung« noch einige Ansätze von mir.
Wenn Sie sich für eine neue Wohnung entscheiden, ist eine wesentliche Frage, »Wie lange möchte ich die neue Wohnung nutzen?« Je kürzer die Nutzungsdauer für einen selbst ist, desto besser ist es eine Mietwohnung zu wählen. Grund dafür sind die relativ hohen Kaufnebenkosten, die beim Erwerb einer Wohnung entstehen.

Mein Tipp

> Bevor Sie sich entscheiden, eine Wohnung zu mieten oder zu kaufen, überlegen Sie sachlich, wie lange die voraussichtliche Nutzungsdauer sein wird. Bei längerfristiger Nutzung ist ein Kauf auf jeden Fall wirtschaftlicher. Berücksichtigen Sie auch Ihre aktuelle Arbeits- und Familiensituation.

In der folgenden Grafik können Sie die Entwicklung einer Miete im Gegensatz zu einem Kreditaufwand in Vergleich stellen. Der Einfachheit halber werde ich den Vergleich anhand einer 50-m²-Wohnung in einer durchschnittlichen Österreichischen Lage vergleichen:

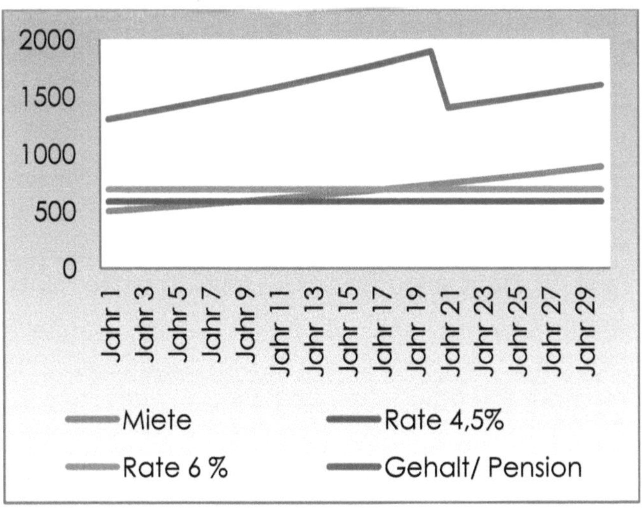

Angenommen, dass diese Wohnung pro m² € 10,- kostet, und sich die Miete gemäß Verbraucherpreisindex jährlich um ca. 2 % steigert, so ergibt sich folgendes Bild:

Die monatliche Miete (exklusive der Betriebskosten) beträgt € 500,- und in Summe zahlt man für die nächsten 30 Jahre insgesamt ca. € 243.000,-. Im Vergleich dazu würde ein Kauf dieser Immobilie (Vollfinanzierung samt Kaufnebenkosten und Finanzierungsnebenkosten) eine Rate in Höhe von € 585,- (bei 4,5 %) bzw. € 690,- (bei 6 %) mtl. betragen. Die Gesamtbelastung beläuft sich bei 4,5 % Zinssatz auf ca. € 210.000,- bzw. bei 6 % Zinssatz auf ca. € 248.000,-. Zu berücksichtigen ist, dass nach 30 Jahren im Falle des Kaufes die Immobilie selbst vorhanden ist und einen Wert darstellt! Nach den veranschaulichten 30 Jahren ist die monatliche Belastung gleich null! Ich wende bei diesem Beispiel absichtlich nicht die aktuellen, derzeit viel tieferen Marktzinsen an.

Sehen Sie sich im Vergleich auch die Gehaltsentwicklung an. Angenommen wurde ein Einkommen in Höhe von € 1.500,- mit einer jährlichen Steigerung in Höhe von ca. 2 %. Nach 20 Jahren beginnt in unserem Beispiel die Pension und ein Großteil des Einkommens fällt weg. Plötzlich ist die Miete im Vergleich zum Einkommen in ein sehr gefährliches Verhältnis gerückt!

Im Falle des Immobilienkaufes verbleibt nach Rückzahlung der Finanzierung, lediglich der Aufwand der Betriebs- und Instandhaltungskosten.

Jetzt stellt sich noch eine Frage? Soll ich jetzt kaufen oder soll ich sparen und erst in ein paar Jahren kaufen? Ich werde Ihnen diese Frage anhand der Entwicklung der Baukosten in den letzten Jahren seit dem Jahr 2000 veranschaulichen. Danach können Sie sich diese Frage selbst beantworten!

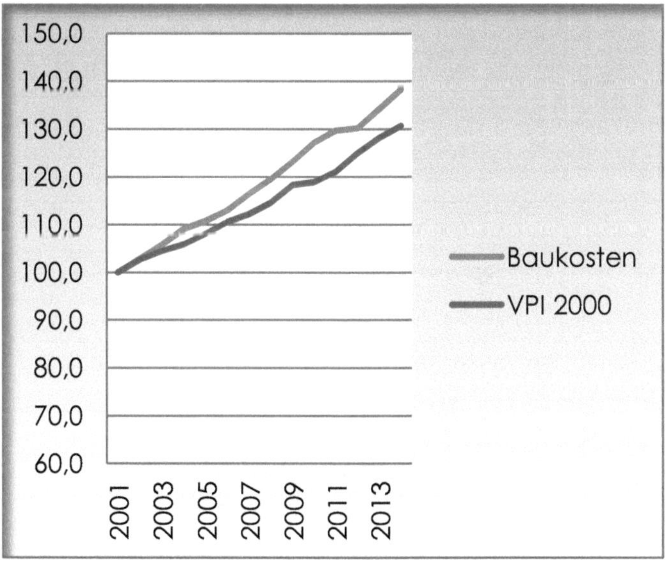

Zur Erklärung: Die Baukosten sind seit der Jahrtausendwende in Summe um ca. 40 % gestiegen oder umgerechnet auf die jährliche Steigerung bedeutet dies eine Erhöhung im Schnitt von ca. 2,8 %! Zu dieser Entwicklung kommt auch noch die Grundpreisentwicklung, die ja auch bei Eigentumswohnungen in guten Lagen in den letzten Jahren eine wesentliche Rolle gespielt hat.

Jetzt sollten Sie sich nur noch fragen, wird das so weitergehen – oder setzt jetzt eine Art Rückgang der Baupreise ein?

Der Verbraucherpreisindex veranschaulicht für Sie die Preissteigerung in den letzten Jahren. Bitte berücksichtigen Sie: Je höher die Preise steigen, desto höher steigen die Zinsen! – Dies sollten Sie immer berücksichtigen!

Wie definiere ich meinen Wohnbedarf?

Die durchschnittliche Nutzfläche pro Person betrug 2011 43,7 m², vor 10 Jahren waren es mit 38 m² gut 5 m² weniger. Diese Zunahme ist allerdings nicht nur durch größere Wohnungen bedingt, sondern auch durch das Sinken der durchschnittlichen Haushaltsgröße. Die Anzahl der Singlewohnungen ist in den letzten Jahren immens angestiegen. Dieser Trend sollte auch weiterhin anhalten.

Die Größe des Wohnraumes wird sich in der Regel danach richten, ob ich mir ein Objekt in einem Ballungszentrum oder auf dem Land kaufe, und vor allem daran, wie hoch die aktuellen Immobilienpreise sind. Jeder Käufer muss seine persönlichen und finanziellen Verhältnisse miteinbeziehen und berücksichtigen.

Wesentlich ist auch die Raumaufteilung einer Wohnung. Wie viele Wohnräume benötige ich? In Österreich weisen die Wohnungen im Schnitt zwischen 3 und 4 Wohnräume auf. Stark abhängig ist dies natürlich von der aktuellen sowie von der zukünftig geplanten Familienstruktur.

Folgende Aspekte muss ich bei der Wahl der Nutzfläche überlegen:

- ✓ Wie groß ist meine derzeitige Familie – was erwarte ich von der Zukunft?
- ✓ Wie lange werden die Kinder bei mir wohnen?
- ✓ Habe ich meine Eltern/Großeltern zu pflegen?
- ✓ Welche weiteren Nutzräume benötige ich? (Büro, Wirtschaftsraum, etc.)

Sobald Sie die Anzahl der Räume kennen, können Sie sich überlegen, wie groß die einzelnen Räume sein sollen. Bitte berücksichtigen Sie, dass eine sehr große Wohnung auch mit sehr viel zusätzlicher Arbeit, mit sehr vielen zusätzlichen Kosten und auch mit einer unter Umständen schwierigeren Verwertbarkeit verbunden ist.

Achten Sie bei der Aufteilung einer Wohnung auch darauf, dass nicht allzu viele Flächen, wie zum Beispiel Gänge, Galerien, Räume unter Mansarden, als Wohnraum gerechnet werden, wobei diese »Verkehrsflächen« zum Teil nur eingeschränkt nutzbar sind.

Mein Tipp

Orientieren Sie sich nach folgenden Wohnraumgrößen:

Bad	5 – 10 m²
WC	1,5 – 2,5 m²
Schlafzimmer	12 – 16 m²
Kinderzimmer	10 – 14 m²
Diele	5 – 10 m²
Küche	5 – 8 m²
Esszimmer	10 – 12 m²
Wohnzimmer	20 – 40 m²

Wählen Sie die Räume, in denen Sie sich am längsten aufhalten (Essen, Wohnen, Kochen) am großzügigsten aus, da dies die natürlich am meisten genützten Räume sind. Sinnvoll ist eine Wohnnutzfläche von ca. 25 m² je Person, die im Haushalt lebt. Geben Sie sich keinem Quadratmeterwahn hin. Wohnen soll sinnvoll sein und Freude bereiten – und kein Kopfweh verursachen.

Achten Sie auf jeden Fall auf die Aufteilung der Wohnung!

Überblick zu den Wohnungsformen

Garconniere:

Eine Garconniere (kommt vom französischen »Junggeselle«) ist im heutigen Sprachgebrauch eine Wohnung mit einem Zimmer und einem kleinen Vorraum, zusätzlich noch Bad, Toilette. Üblicherweise wählen Singles, Studenten, junge Pärchen diesen Wohnungstyp. Die Garconniere ist praktisch, günstig in Kauf und Erhaltung und jederzeit weiterverkaufbar. Somit ist sie die optimale »Startwohnung«.

Maisonette-Wohnung

Die Maisonette-Wohnung (kommt ebenso aus dem französischen und bedeutet »kleines Haus«) ist ein Wohnungstyp bei dem sich die Nutzfläche zumindest über zwei Stockwerke erstreckt und in einem Mehrparteienhaus eingegliedert ist.

Die Maisonette-Wohnung kann sich im unteren oder auch in einem der oberen Geschosse eines Gebäudes befinden. Von einer Maisonette spricht man auch, wenn zu einer Wohnung im obersten Geschoss das Dachgeschoss als Wohnraum hinzugenommen wird. Von Vorteil erweist sich bei diesem Typ von Wohnung, dass man ein Gefühl wie in einem Reihenhaus oder Doppelhaus hat. Zusätzlich, wenn die Wohnung ebenerdig ist, genießen Sie ihre Freizeit im eigenen Garten! Vorsicht jedoch bei den Quadratmeter-Angaben. Lesen Sie im Plan nach, wie viel an Verkehrsflächen und Stiegenhaus verlorengeht.

Mansarden-Wohnung:

Die Mansarde hat ihren Namen von einem französischen Baumeister und war früher eine platzsparende Möglichkeit, weiteren Wohnraum in ein Haus zu bekommen. Heute ist die Mansarden-Wohnung (wird auch als Dachgeschosswohnung bezeichnet), eine Wohnung, die Dachschrägen ausweist! Also Vorsicht beim Kauf einer solchen Wohnung. Die Wohnnutzfläche wird ab einem Kniestock (Die Höhe vom Boden bis zum Dach) ab einem Meter berechnet! Bitte berücksichtigen Sie jedoch, dass das unter Umständen Probleme beim Einrichten verursachen kann, beziehungsweise überlegen Sie, ob Sie für diesen (nicht wirklich nutzbaren) Wohnraum einen sehr hohen Quadratmeterpreis zahlen wollen, oder ob man da nicht sogar noch einen Abschlag verhandeln kann.

Souterrain-Wohnung

Souterrain (kommt aus dem französischen und bedeutet »unterirdisch«) oder Tiefparterre ist ein Synonym für das Untergeschoss oder auch Kellergeschoss eines Gebäudes, da dieses Geschoss (mit seinem Fußboden) unterhalb der Erdoberfläche liegt. Oft liegt das Souterrain nur halb oder dreiviertel unter der Erdoberfläche und wird von Bauträgern als ganz normale Wohnnutzfläche angeboten. Die Bauträger greifen vermehrt zu dieser Form von Wohnung, da ansonsten die Baudichte, die die Behörde vorschreibt, das Projekt nicht mehr wirtschaftlich macht. Doch Vorsicht! Überlegen Sie, ob sie für eine Wohnnutzfläche, welche sich unterirdisch befindet, auch denselben Quadratmeterpreis zahlen wollen als für den Teil, der sich oberhalb der Erdoberfläche befindet. Und das Wichtigste: Klären Sie ob das Wohngebiet durch Überflutungen oder Überschwemmungen in den letzten Jahren betroffen war!

Penthouse-Wohnung

Ein Penthouse (dieser Begriff kommt aus dem Amerikanischen und bedeutet »kleiner Anbau«) ist ein freistehendes Wohngebäude auf dem Dach eines mehrgeschossigen Hauses. In erster Linie werden damit exklusive Dachwohnungen auf Hochhäusern bezeichnet.

Das Penthouse tritt an mehreren Seiten aus der Flucht der darunterliegenden Geschosse zurück, wodurch eine umlaufende Terrasse entsteht. Die Dachterrasse ist vom Penthouse aus zugänglich und Bestandteil der zugehörigen Wohnung. Es gibt auch Mischformen mit zwei oder mehr Häusern auf einem Dach. Diese Häuser sind dann keine freistehenden Bauteile mehr, sondern ähneln Reihenhäusern mit verkleinerten Dachterrassen. Das Penthouse besitzt, ebenso wie das darunterliegende Gebäude, meistens ein Flachdach. Ein Penthouse muss auf jeden Fall einen Lift in die eigene Wohnung aufweisen. Das Penthouse ist sicherlich das »Filetstück« eines Wohnhauses. In letzter Zeit wurden diese Wohnungen aufgrund des teilweise doppelten(!) Preises (bezogen auf den Quadratmeterpreis einer anderen Wohnung aus dem selben Haus) schwieriger verkauft als in der Vergangenheit!

Reihenhaus / Doppelhaus:

Das Reihenhaus bzw. Doppelhaus ist ein Gebäude, welches in einer Reihe zu einem oder mehreren anderen Häusern errichtet wird. Diese Wohnform ist in Österreich sehr beliebt. Vorteil dieses

Wohntyps ist klar, dass man über und unter sich keinen Nachbarn hat und dass man einen eigenen Garten und in der Regel einen eigenen Keller hat. Bei dieser Form muss man lediglich die Quadratmeter im Verhältnis zu den Geschossen stellen. Kaufen Sie bitte kein Reihenhaus mit z.B. 90 m^2 Wohnfläche verteilt auf drei Geschosse. – Sie leben dann nur im Stiegenhaus!

Was ist das wichtigste bei Wohnungen?

Das wohl Wichtigste bei der Suche einer neuen Wohnung sind die 3 L:

Als Käufer muss ich überlegen, wo ich mir eine neue Wohnung kaufen möchte und welche Bedürfnisse ich habe. Der Katalog der Wünsche reicht von »guter Infrastruktur«, was bedeutet, dass in unmittelbarer Nähe ein Lebensmittelgeschäft ist und auch eine Anbindung an das öffentliche Verkehrsnetz besteht, bis hin zur »idealen Ruheoase«, was bedeutet, dass sich in unmittelbarer Nähe keine Schule und auch keine Kirche befindet, da diese Institutionen natürlich auch für Lärmemissionen verantwortlich sind. Folgende Checkliste wird Ihnen helfen, die für Sie wichtigsten Punkte zu finden bzw. um herauszufinden ob das Objekt der Begierde auch wirklich das Beste ist:

- ❑ gute Verkehrsanbindung
- ❑ Dauer und Kilometer zu meiner Arbeitsstätte
- ❑ Schulen und Kindergärten in unmittelbarer Nähe
- ❑ Arzt und Apotheke in der Nähe
- ❑ Nähe zu einer Kirche
- ❑ Kann ich von meiner Wohnung aus: Laufen, Radfahren, Spazieren, etc.
- ❑ Lärmemissionen wie: Flughafen, Zug, Autobahn, Bundesstraße, etc. vorhanden
- ❑ Parkplatz vorhanden?
- ❑ Umweltemissionen wie: Feinstaub durch Fabriken, Autobahn, etc.
- ❑ Mobilfunkmasten

Zu diesen Punkten kommen dann noch die Eigenschaften der Wohnung im Gesamtgebäude. Wo befindet sich die Wohnungseinheit? Wie viele Wohnungen befinden sich im Gesamtgebäude? Welche Ausrichtung (Himmelsrichtung) weist die Wohnung auf etc.?

Auf was Sie achten sollten: Das Objekt, in welchem Sie sich eine Wohnung kaufen, sollte nicht zu viele Wohnungseinheiten aufweisen. Grund dafür ist, dass man bei einer Eigentümerabstimmung eher mit wenigen Miteigentümern ins Einvernehmen kommt als in einem großen Objekt. –

Nachteil: Die Kosten für die Hausverwaltung sind im Vergleich zu einem Wohnblock sehr wahrscheinlich höher.

Die Lage im Objekt ist Geschmacksache! Wenn ich mich zwischen zwei Wohnungen befinde, erspare ich mir Heizkosten. Habe ich einen Garten im Wohnungseigentum, werde ich mehr Lebensqualität haben. Befinde ich mich im obersten Stock so habe ich keinen über mir, der zum Beispiel einen Teppich entstaubt.

Wesentlich ist dagegen jedoch die Ausrichtung (Himmelsrichtung). Im Osten geht die Sonne auf: Welche Räume möchte ich mit Morgensonne durchflutet haben (in der Regel das Esszimmer, Kinderzimmer). Im Westen geht sie unter: Richtung Westen bzw. Süd-Westen werde ich die Wohnräume wählen, da natürlich der Nachmittag bzw. der Abend noch schön ausklingen kann. Im

Norden hingegen werde ich meine Schlafräume wählen. Nachdem hier wenig bzw. keine Sonne durch die Fenster dringt, bietet dies einen sehr guten Schlafkomfort.

Nebenräume wie Bad, WC, Abstellraum, etc. befinden sich meistens im Inneren der Wohnung. Wünschenswert ist natürlich auch hier, dass vor allem bei Bad und WC ein Fenster vorhanden ist oder zumindest eine gute Abluft. Ansonsten besteht die Gefahr, dass es in Nassräumen relativ leicht zu Schimmelbildung kommen kann!

Sollte sich Ihre Wohnung nicht im Erdgeschoß befinden, berücksichtigen Sie bitte auch eine gewisse Barrierefreiheit. Das bedeutet, wenn Sie mit einem Kinderwagen unterwegs sind – wie komme ich in die Wohnung? Habe ich schwere Einkaufstaschen – kann ich die ein paar Stockwerke tragen? Was passiert, wenn ich einmal eine Verletzung habe (z.B. ein gebrochenes Bein)? Es ist dringend anzuraten, wenn Sie eine höhergeschossige Wohnung wählen, dass zumindest ein Lift im Objekt vorhanden ist, um im Fall des Falles auch beschwerdefrei in die Wohnung zu kommen.

Die Heizung für das Gesamtobjekt sollte ziemlich wartungsfrei sein. Das bedeutet, es sollte möglichst eine Zentralheizung für das Objekt vorhanden sein und zusätzlich noch ein Einzelofen (Dänischer Ofen oder dgl.).

Einen wesentlichen Faktor stellen die Betriebskosten dar! Bitte achten Sie darauf, dass die Betriebskosten (ohne Instandhaltungsfonds) nicht über € 2,50 je m² betragen. Natürlich wird dieser Wert bei kleineren Objekten höher sein, da sich die Allgemeinkosten auf weniger Eigentümer verteilen. Der Instandhaltungsfonds sollte eine solide Basis darstellen um anstehende Sanierungen in der Hausgemeinschaft umsetzen zu können. Das bedeutet, je älter ein Objekt ist und je weniger in der Vergangenheit saniert wurde (neue Fenster, neue Fassade, neues Dach, etc.) desto höher müssen die Rücklagen des Instandhaltungsfonds sein.

Fragen Sie unbedingt auch nach dem Protokoll der letzten Eigentümerversammlung, vor allem, ob Beschlüsse gefasst wurden, die auf eine baldige Sanierung schließen lassen! Je mehr Informationen Sie erhalten, umso besser können Sie Ihren Kauf entscheiden!

Durchschnittliche Nutzungsdauer der einzelnen Gewerke:

Fenster, Außentüren, Tore	20 – 40 Jahre
Bedachung	40 – 60 Jahre
Fassade (Malerarbeiten)	10 – 20 Jahre
Heizungsanlage, Lüftungsanlagen	15 – 25 Jahre
Sanitärinstallation	10 – 25 Jahre
Bodenbeläge	10 – 25 Jahre
Wände	05 – 10 Jahre

Überlegen Sie nun selbst, wie alt das Objekt und wann die nächste größere Investition fällig ist. Dafür soll die Nutzungsdauer einen ungefähren Anhaltspunkt liefern.

Instandhaltungsfonds:

Vor dem Kauf einer Wohnung müssen Sie auf jeden Fall den Instandhaltungsfond überprüfen! Sie bekommen bei der jeweiligen Hausverwaltung jederzeit darüber Auskunft. Wichtig für Sie sind folgende Fragen:

- ❑ Stehen in den nächsten Jahren Sanierungsmaßnahmen an? – Wenn ja, welche?
- ❑ Wie hoch ist der Instandhaltungsfond dotiert?
- ❑ Welche Sanierungen / Instandhaltungen wurden in den letzten 5 Jahren getätigt?
- ❑ Besteht ein Darlehen auf das Gesamtobjekt?

Verlassen Sie sich nicht nur auf die Aussagen der Hausverwaltung, sondern machen Sie sich auch selbst ein Bild vom Bau! Sie brauchen kein großartiger Gutachter sein, um mit offenen Augen diverse Punkte zu erkennen. Ich gebe Ihnen hier ein paar Hinweise, die beim Zustand des Objektes für Sie relevant sein könnten:

- Befinden sich die Fenster und Türen in einem entsprechenden Zustand?

- Ist die Fassade / Substanz in einem ordentlichen Zustand?
  - ❑ Feuchte Stellen an der Fassade?
  - ❑ Risse
  - ❑ Schimmelbildung
- Genaues Augenmerk dient dem Keller:
  - ❑ Finden Sie dunkle Fugen? (Hinweis auf Feuchtigkeit)
  - ❑ Achten Sie auf runde Löcher im Estrich und in der Kellerdecke

  Dies sind Hinweise für Wasserschäden – nachfragen, ob durch Oberflächenwasser oder durch einen Rohrbruch!

- Fragen Sie Nachbarn! Sie werden sehen – Sie werden sehr viele Informationen erhalten – vor allem über
  - ❑ … wer wohnt in dem Objekt noch?
  - ❑ … was ist alles in dieser Gegend passiert?
  - ❑ … wie funktioniert die Nachbarschaft?

Was kann ich mir leisten?

Die erste Frage bei der Immobiliensuche, die ich mir stellen muss, ist: »Was kann ich mir leisten?«

Zu diesem Zweck muss man vorerst ermitteln, wie viel an monatlichem Einkommen zur Verfügung steht. Als Einkommen wird Folgendes gezählt:

- Mtl. Nettoeinkommen
- Bei Selbstständigen – Gewinn Vorjahr(e) plus AFA
- Alimente / Unterhalt
- Familien- und Kinderbeihilfe
- …

Die Summe aller Einkünfte, die Ihnen langfristig monatlich zur Verfügung stehen! Aus der Summe dieser Einkünfte sollte man maximal 30 % bis 35 % für den Wohnbedarf aufwenden!

Anhand eines Beispiels würde das bei einem Gesamteinkommen von ca. € 3.000,- einen Gesamtaufwand für den Wohnbedarf in Höhe von ca. € 1.000,- bedeuten. Von diesem Betrag werden noch die zukünftigen Betriebskosten abgezogen. In unserem Fall bei einer angenommenen 70-m²-Wohnung (eine Faustformel besagt, dass ca. € 2,2 je m² Wohnnutzfläche kalkuliert werden sollte) wären das ca. € 150,-. Somit verbleibt ein Rest für die Kreditzahlung ein Betrag von € 850,-.

Je € 100.000,- Darlehen rechnet man einen monatlichen Aufwand in Höhe von ca. € 550,-, was in unserem Fall bedeutet, dass ein Kredit von € 150.000,- leistbar wäre. Zu diesem Betrag werden dann noch die vorhandenen Eigenmittel dazugerechnet. In unserem Fall nehmen wir € 30.000,- an Eigenmittel an. Für den Immobilienkauf stehen dann € 180.000,- zur Verfügung. Aufgepasst! Abzüglich der Kaufnebenkosten bedeutet das, dass der Kaufpreis ca. € 160 bis 165.000,- betragen darf! Zur leichteren Verständlichkeit haben Sie hier noch die Möglichkeit, anhand ihrer persönlichen Daten den Kaufpreis für Ihre Immobilie zu ermitteln!

Gehalt / Einkommen

- ____________________

1

Maximaler Wohnaufwand

- Einkommen (Ergebnis Nr.1) mal 0,3
- ________________________

2

maximal leistbarere monatliche Rate

- maximaler Wohnaufwand (Ergebnis Nr. 2) minus Betriebskosten
- ________________________

3

Maximal leistbarer Kredit

- Verbleibende Monatsrate(Ergebnis Nr. 3) dividiert durch 550 mal 1000
- ________________________

4

Maximaler Kaufpreis

- maximal leistmarer Kredit (Ergebnis Nr. 4) + Eigenmittel x 0,95
- __________________________

Umgang mit Maklern

Immobilienmakler sind unabhängige Mittler zwischen Anbietern von Immobilien und potenziellen Käufern von Immobilien. Sie vermitteln Verträge auf der Grundlage des Erfolgsprinzips. Das heißt, ein Provisionsanspruch entsteht für den Makler nur dann, wenn durch seine Bemühungen ein wirksamer Vertrag zwischen den beiden von ihm zusammengeführten Parteien zustande gekommen ist. Das Interesse von Maklern und ihren Auftraggebern ist insofern identisch, als beide den Erfolgseintritt, also einen Vertragsabschluss anstreben. Die Aufgabe des Immobilienmaklers besteht in der Zusammenführung von Angebot und Nachfrage. Der Immobilicnmakler vermittelt Kauf und Miete von Immobilien. Um den Nutzen aller Kunden optimal zu ermitteln, bedarf es einer umfassenden beruflichen Ausbildung und der Grundbegriffe des bürgerlichen Rechtes und des Handelsrechtes, sowie Spezialkenntnisse des Grundbuchsrechtes der Widmungs- und Bebauungsbestimmungen und über die Gestaltung und Beachtung der rechtlichen Rahmenbedingungen. Weiters müssen Makler Spezialkenntnisse hinsichtlich der Bewertung von Immobilien mitbringen und den Marktüberblick von Vergleichsobjekten parat haben. Weiters muss ein Spezialwissen der jeweiligen Wohnbauförderung vorhanden sein.

Nun ist es aber so, dass jeder Käufer und jeder Verkäufer, ob der hohen Provisionen, versuchen seine Immobilie selbst zu verkaufen bzw. von privater Hand zu kaufen. Jedoch kann ich nur empfehlen sich bei diesem Vorhaben durch einen seriösen Makler begleiten zu lassen. Dieser kann vor allem davor schützen, einen überteuerten Preis zu zahlen bzw. wird er mühsame Behördenwege für Sie erledigen. Wichtig ist, dass ich einen Makler finde, dem ich vertrauen kann!

Wie finde ich einen seriösen Makler, bzw. wie vermeide ich einen unseriösen Makler:

- ❑ Fragen Sie den Makler nach seinen Schwerpunkten und Erfahrungen. Wer hier ausweicht und sagt, er macht sowieso alles, der sollte Ihr Vertrauen nicht erhalten! Kontrollieren Sie auch seine Homepage, welche Immobilien angeboten werden.
- ❑ Makler ohne Büro: Vorsicht, hinterfragen Sie, ob das nicht jemand Berufsfremder ist, der nebenbei eine Wohnung verhökern möchte!
- ❑ Lassen Sie sich auf keine Massentermine ein: Einige Strukturvertriebe in der Maklerbranche veranstalten »Massentermine«

– Sinn und Zweck dieser Termine ist es, so schnell wie möglich die Immobilie an den Mann zu bekommen. – Mit Qualität hat diese Verkaufsstrategie nichts zu tun! Diese Maßnahme findet bei Mietwohnungen, aber auch bei Eigentumswohnungen, die nicht sehr einfach verkauft werden können, immer mehr Beliebtheit. Durch den »Herdentrieb«, analog bei Versteigerungen, kann man kleinere oder größere Mankos gut kaschieren – denn es warten ja noch genügend Interessenten, die nicht so unangenehme Fragen stellen.

- Treffen Sie immer klare Absprachen: Eine Wohnung zu vermakeln bedeutet nicht, sie einfach zum Verkauf anzubieten! Die Aufgabe eines Maklers besteht darin, Ihnen alle Informationen zu besorgen und diese mit Unterlagen zu belegen, Sie auf Probleme hinzuweisen und Sie beim Verkaufs- / Kaufvorgang zu begleiten! Bestimmen Sie den Umfang des Maklervertrages und machen Sie klar, dass Sie für Ihr Geld auch eine entsprechende Leistung erhalten wollen.
- Machen Sie keine Anzahlung – Vereinbaren Sie niemals eine Barzahlung: Seriöse Makler verlangen keine Anzahlung – unseriöse hingegen schon! Ihr Makler hat An-

spruch auf Ihre Zahlung nach Abschluss aller seiner Tätigkeiten! Es ist also nicht notwendig, eine Barzahlung bei Schlüsselübergabe oder dergleichen zu vereinbaren!

- ❑ Beauftragen Sie immer nur einen Makler! Sobald Sie ein und dieselbe Wohnung von zwei oder mehr Maklern angeboten bekommen, sprechen Sie dies auch bei allen Maklern an! Nicht, dass Sie eine Rechnung von jedem Makler erhalten! Im Falle eines Doppelmaklers sollen sich bitte vor Abschluss der Transaktion die beiden Makler einigen, wer die Rechnung stellen darf und sich gegebenenfalls untereinander einen Ausgleich dafür machen.
- ❑ Verhandeln – Verhandeln – Verhandeln: Je gefragter ein Immobilienmarkt ist, desto schwieriger wird das Handeln für Sie als Käufer sein. Als Verkäufer hingegen sollte am Markt mehr Nachfrage als Angebot herrschen, kann man durchaus vereinbaren eine günstigere Makler-Courtage zu bezahlen. Sie haben immer die Möglichkeit zu verhandeln! Entweder auf der Seite des Kaufpreises und/oder auf der Provisionsseite. Je mehr Sie sich in eine Immobilie »verliebt« haben – desto schwieriger fällt Ihnen das verhandeln, da Sie ja die Immo-

bilie unbedingt haben wollen! Bitte halten Sie Ihre Emotionen so gering wie möglich!

- Versuchen Sie nicht einen Makler auszuspielen: Wenn Ihnen durch einen Makler bereits eine Wohnung gezeigt wurde – umgehen Sie diesen auf keinen Fall indem Sie selbst auf den Käufer zugehen! Der Provisionsanspruch besteht trotzdem! Überdies ist es ziemlich unfair dem seriösen Makler gegenüber!

Immobilienmaklern haftet in vielen Ländern ein wenig schmeichelhaftes Image an. In Deutschland und Österreich rangieren sie diesbezüglich zusammen mit Politikern und Bankmanagern am unteren Ende einer langen Liste. Nach Erfahrungen des Verfassers schneiden Wohnimmobilienmakler besonders unbefriedigend ab. Dafür zeichnen mehrere Gründe verantwortlich. Einen der wichtigsten Gründe beleuchtet folgender Artikel: die Maklersprache.

Werbung und Wahrheit

Makler arbeiten absatz- bzw. umsatzorientiert. Somit besteht eine verständliche Neigung, das jeweilige Produkt verlockend zu verpacken. – Getreu einem alten Spruch: Mache die Braut hübsch. Übersetzt heißt das: Verkaufe ein Bild, eine Vorstellung. Darum geht es bei jeder Werbung: positive Emotionen zu erzeugen, die sachlichen Fakten zu übertönen bzw. überblenden. Insofern fallen selbst blumig textende Makler keineswegs aus dem Rahmen des Gewohnten. Allerdings sind Immobilien – gleich, ob Verkaufs- oder Vermietungsobjekte – keine Allerweltsprodukte wie Waschmittel, Schuhe oder Mobiltelefone. Das sollten und müssten Makler begreifen. Wahrscheinlich verstehen sie das mehrheitlich sogar, nur hindern entsprechende Einsichten die wenigsten daran, verbale Kosmetik zu betreiben. Fakten zu bemühen, wäre langfristig sicherlich ein überlegener Marktbearbeitungsansatz. In dieser Hinsicht stellt sich Österreichs Maklerzunft vorteilhafter dar, ohne sich diesen Umstand an die eigene Fahne heften zu können. Vielmehr schrieb der Gesetzgeber vor, welche Daten Immobilienangebote zu beinhalten haben. Diesbezüglich verdient der zur Überregulierung neigende Staatsapparat ausnahmsweise Applaus. Bevor wir uns in durchaus reizvollen Ländervergleichen verlieren, konzentrieren wir uns auf das Kernthema dieses Kapitels, die Maklersprache.

Lagebezogene Begriffe

Das oft verwendete Wort »Potenzial« ist wirklich genial. Es lässt sich auch auf Lagen und Standorte anwenden. »Potenziallage« klingt immerhin charmanter als »verwahrloster Stadtteil«, »niedergehendes Viertel« oder »soziales Notstandsgebiet«. Genau diese Lageklassen sind gewöhnlich angesprochen, wenn das Schlagwort »Potenzial« verwendet wird. Darauf müssten Interessenten bei einigem Nachdenken von selbst kommen. – Zumindest jene, die Eltern von Schulkindern sind und ihre Sprösslinge wirklichkeitsgerecht einzuschätzen wissen. Ist in deren Zeugnissen zu lesen, sie hätten »Potenzial«, heißt das, sie sind absolut faul, geistig träge oder strohdumm. Eltern verstehen die ernüchternde Bedeutung dieser schönend formulierten Botschaft mehrheitlich sofort. – Den Makler nicht?

Verweilen wir vorerst bei Lagen und Standorten. Bei den ruhigen zunächst. »Ruhelage« bezeichnet maklersprachlich ein reines Wohngebiet ohne nennenswerte Infrastruktur. Hier bestehen weder fußläufig erreichbare Grundversorgungseinrichtungen noch ein Gasthaus um die Ecke, geschweige denn Kindergärten. Kurz: Hier ist der sprichwörtliche Hund begraben. Nicht zu toppen, mag man meinen. Doch, das geht. Spricht der Makler von »absoluter Ruhelage« herrscht ganzjährig Friedhofsstimmung. Zumeist reagiert die Nachbarschaft in derart beworbenen Lagen höchst empfindlich und keineswegs freundlich auf Kindergeschrei und Gartenpartytrubel. Die meisten Menschen dürften eher einer »lebendigen« bzw. »lebhaften« Lage zuneigen. Maklersprachlich gedeutet, verliert sich die Vorfreude allerdings sehr häufig rasch und dauerhaft: Hingewiesen wird nämlich auf einen Standort, an dem täglich viele Stunden lang, wenn nicht rund um die Uhr, der vielzitierte Teufel los ist. Wem solch eine Lage nicht zusagt, wird vielleicht von einer »angenehmen Nachbarschaft« angezogen. Wer welche Nachbarn als angenehm empfindet, kann der Verfasser schwerlich entscheiden, immerhin jedoch darauf hinweisen, dass sich der Begriff sehr häufig als hinterhältig zu nennende Chiffre entpuppt. – Vielfach steht er für eine von völliger Anonymität geprägte Wohnsiedlung, eher jedoch für ein von Klatsch, Tratsch und Gassigehen gekennzeichnetes Umfeld, das gemeinhin als durch und durch »spießig« bezeichnet wird.

»Hervorragende Einkaufsmöglichkeiten« schätzen viele Menschen – nicht nur das weibliche Geschlecht. Ein entsprechender Hinweis aus Maklermund sollte zur Vorsicht mahnen. Gewiss ist, es sei nochmals betont, eine funktionierende Nahversorgung eine feine Sache. Unmittelbar über, neben, hinter einem Kaufhaus, Supermarkt oder Lebensmitteldiscounter zu wohnen, bereitet hingegen selten anhaltendes Vergnügen; es wird angeliefert, entsorgt, Kundenfahrzeuge fahren an und ab, und ein Ausblick auf einen großflächigen Parkplatz mag zwar spannender sein als das Fernsehprogramm, nur erweisen sich die wenigsten Stellplatzareale als optische Freudenspender. Betont ein Makler das Vorhandensein von Einkaufsmöglichkeiten unter Verzicht auf eine Entfernungsangabe, darf der Interessent nicht erstaunt sein, wenn sich das beworbene Objekt an einem Standort beschriebener Art befindet.

Auch eine »hervorragende medizinische Infrastruktur« erachten viele Menschen als vorteilhaft. Ob eine Mehrheit scharf darauf ist, unmittelbar neben einem womöglich im Format eines Großklinikums errichteten Krankenhauses zu leben, sei dahingestellt. Gewöhnlich deutet die Wortwahl genau auf eine entsprechende Lage hin.

Mobilität zählt zu den kennzeichnenden Merkmalen der westlichen Gesellschaft. Gut also, wenn eine Immobilie bzw. deren Standort mit einer »hervorragenden Verkehrsanbindung« zu glänzen vermag. Verzichtet der Makler auf distanzielle Angaben bezüglich der nächsten Bus-Haltestelle, Bundesstraße oder Autobahn, droht freilich Ungemach. Dann nämlich liegt die angebotene Immobilie höchstwahrscheinlich unmittelbar an einer hochgradig frequentierten Bus-, Straßen-, S-Bahn- oder Bahnhaltestelle oder an einer lärmenden und luftverpestenden Hauptverkehrsader. Apropos Luft: Wird ohne ersichtliche Notwendigkeit von »Flughafennähe« gesprochen, gibt der Makler einen stillen Hinweis darauf, dass sich die Immobilie unmittelbar in einer Einflugschneise bzw. nahe einer Start- oder Landebahn befindet. Ständige Lärm- und Lichtbelästigungen sind folglich zu erwarten.

Den Bogen von lage- zu gebäudebezogenen Begriffen spannt die immer wieder auftauchende »Lageimmobilie«. Der Ausdruck ist gleichermaßen schräg wie mehrdeutig. Einerseits bezieht er sich auf 0815-Objekte, denen Lagebesonderheiten (Flussufer, Waldrand, Künstlerviertel etc.) einen gewissen Charme verleihen. Andererseits weist die Wortwahl regelhaft darauf hin, dass eine problembehaftete Immobilie vorliegt, deren einziger Vorteil in Standortgegebenheit liegt, die manche Personen womöglich schätzen, eine Mehrheit hingegen nicht.

Objektbezogene Begriffe

Zum Kreis fast zart aufscheinender Begriffe zählt das »Liebhaberobjekt«. In diese Kategorie fallen im Wesentlichen zwei Objektarten. Zum einen verwinkelte bzw. absolut schlecht geschnittene Immobilien. Zum anderen – und noch öfter – bezeichnet das Wort eine Immobilie, die für all jene Interessenten durchs Raster fallen muss, die keine ausgezeichneten handwerklichen Fähigkeiten besitzen, nicht auf einer Baustelle leben wollen und / oder nicht gewillt sind, eine Armee von Handwerkern zu beauftragen. Nicht selten kommen beide Faktoren zusammen: schlechter Zuschnitt und fragwürdiger baulicher Zustand. Romantische Gefühle kommen in solchen Gebäuden schwerlich auf.

Zu den kreativsten maklersprachlichen Umschreibungen zählt das »Raumwunder«. Der Ausdruck klingt chic, birgt freilich einen Wermutstropfen: Vielfach wird ein (sehr) kleines Haus beworben, das zwar zahlreiche Räume beinhaltet, die sich größenbezogen allerdings unmittelbar an oder unterhalb einer Grenze bewegen, die eine sinnvolle Nutzung zulässt. Kurzum: Es handelt sich um eine Immobilie, die allenfalls unter Freunden des Westentaschenformats Anklang finden dürfte.

Mit den Begriffen »Schnäppchen« und »einmalige Gelegenheit« werden in aller Regel beileibe keine begehrten oder begehrenswerten Immobilien bezeichnet. Im Gegenteil: Mit hoher Wahrscheinlichkeit preist der Makler erwiesene »Ladenhüter« an, Objekte, die niemand erwerben will, weil ihnen schwerwiegende Mängel anhaften.

Es gibt auch gute Botschaften. Etwa die, dass Makler Wohnobjekte bisweilen »provisionsfrei« anbieten. Natürlich erfolgen weder Verkauf noch Vermietung provisionsfrei, da der Makler im Erfolgsfall vom Eigentümer honoriert wird. – Sofern er nicht selbst Eigentümer ist. Vordergründig wirken diese Feststellungen aus Sicht eines potenziellen Erwerbers oder Mieters unerheblich. Tatsächlich drücken sich in der Provisionsfreiheit jedoch vielfach Objektschwächen aus. Oder eine Notsituation des Eigentümers. In beiden Fällen besitzt ein Interessent gute Karten, den aufgerufenen Miet- oder Kaufpreis erheblich zu drücken.

Kaufangebot

Wer eine Wohnung kaufen möchte, wird sich früher oder später mit dem Thema Vertragserrichtung beschäftigen müssen. Bevor es soweit ist, den eigentlichen Liegenschaftskaufvertrag zu verfassen, müssen üblicherweise noch einige Schritte gesetzt werden. Der erste Schritt, wenn die gewünschte Immobilie gefunden ist, ist die Angebotslegung. Wie bei jedem Kauf ist auch der Kauf einer Immobilie letztlich ein Zusammentreffen von Angebot und Nachfrage. Da das Inserieren einer Immobilie noch nicht als Angebot gesehen wird, muss in der Regel der Käufer ein Kaufanbot legen.

Das Kaufanbot wird, sofern die Vermittlung der Kaufimmobilie durch einen Immobilienmakler erfolgt ist, sehr häufig vom Maklerbüro bereitgestellt. Dennoch empfiehlt sich auch bei der Verwendung dieser Formblätter größte Sorgfalt walten zu lassen! Viele Kaufinteressenten übersehen nämlich, dass das Kaufanbot verbindlich ist und in der vom Kaufinteressenten formulierten Weise vom Verkäufer angenommen werden kann. Damit kommt der Vertrag über den Immobilienerwerb zustande, auch wenn er noch nicht in der für das Grundbuch erforderlichen schriftlichen Form abgefasst wurde. Die Einigung über Ware und Preis reicht für das Zustandekommen des Vertrages nämlich schon aus.

Aus diesem Grund sollte man ein Kaufanbot für einen Liegenschaftskauf nicht leichtfertig unterschreiben und sich bei Zweifeln über die Liegenschaft oder bei Rechtsfragen bereits vorher informieren und einen Notar oder Rechtsanwalt zu Rate ziehen. Ist das Kaufanbot einmal gelegt, ist der Ball beim Verkäufer. Nimmt dieser ein Kaufanbot an, das notwendige Bestandteile nicht enthält, weil etwa der Kaufinteressent davon ausgegangen ist, dass diese ohnedies »klar seien«, ist ein Streit vorprogrammiert.

Wenn überhaupt kein Makler eingebunden ist oder wenn man als Kaufinteressent einer Liegenschaft bei der Angebotslegung größtmögliche Sicherheit haben möchte, empfiehlt sich die Beratung durch einen Rechtsanwalt, der für Sie auch ein Kaufanbot verfassen kann. Wer es dennoch selber machen möchte, dem möchten wir mit den folgenden Tipps dabei helfen, einige häufige Fehler im Zusammenhang mit dem Kaufanbot für ein Einfamilienhaus oder eine Wohnung zu vermeiden:

Wer stellt das Anbot?

Ein Kaufanbot kann von einer Person oder auch mehreren gemeinsam gelegt werden. Klassischer Fall ist der Kauf einer Wohnung durch Ehegatten. Da das Angebot schon die wesentlichen Elemente des späteren Vertrages enthält, sollte es auch von der richtigen Person gelegt werden. Wenn Sie also beabsichtigen, eine Immobilie gemeinsam zu kaufen, müssen beide zusammen das Angebot legen. Beachten Sie aber, dass in diesem Fall auch beide für den Kaufpreis und eine allfällige Maklerprovision haften.

Kaufpreis richtig angeben

Der Kaufpreis enthält nicht die mit dem Kauf verbundenen Kaufnebenkosten. Weitere Kosten wie etwa die Vertragserrichtung durch einen Rechtsanwalt oder Notar und die Treuhandschaft kommen noch hinzu. Der Kaufpreis ist also nur jener Betrag, den der Käufer dem Verkäufer zahlt – unabhängig davon, welche weiteren Nebenkosten der Käufer zu tragen hat.

Lastenfreistellung

Den häufigen Stehsatz »bestands- und lastenfrei« bzw. »frei von bücherlichen und außerbücherlichen Lasten« haben die meisten im Hinterkopf. Dennoch gibt es Immobilienmakler, deren Angebotsformulare keinen Hinweis auf die lastenfreie Übernahme enthalten. Abgesehen davon, dass dieser Umstand zu einer Haftung des Maklers führen kann, kann eine nachlässige Formulierung gerade in diesem Zusammenhang Ärger bedeuten. Achtung: Es besteht keine gesetzliche Verpflichtung, eine Liegenschaft lastenfrei zu übertragen. Wie oben am Beispiel des Wohnbaudarlehens schon gezeigt, können Käufer und Verkäufer durchaus vereinbaren, dass der Käufer gewisse Lasten übernimmt und dieser Umstand im Kaufpreis berücksichtigt wird. Wenn das im Kaufanbot nicht ausdrücklich geregelt wird, greifen hier keine gesetzlichen Schutzmechanismen!

Um ganz sicher zu gehen muss das Kaufanbot daher eine Klausel dahingehend enthalten, dass der Käufer die Liegenschaft bestands- und lastenfrei erwerben möchte.

Befristung des Kaufangebots

Dem Käufer steht es frei, sein Angebot für einen gewissen Zeitraum aufrecht zu erhalten. Das ist auch ratsam, um dem Verkäufer ein zeitliches Ziel zu geben, bis wann er sich entscheiden muss, ob er das Angebot annimmt, oder nicht. Ohne zeitliche Befristung des Kaufangebots hat der Verkäufer praktisch unbegrenzt Zeit und kann somit das Angebot in Evidenz halten und abwarten, ob nicht zwischenzeitlich ein für ihn günstigeres Angebot eingeht. Die Befristung sollte dem Verkäufer ausreichend Zeit zum Überlegen geben, aber nicht zu lange sein, damit der Käufer möglichst bald eine Entscheidung hat. Eine Woche ist im Regelfall für beide Seiten angemessen.

Mein Tipp

> Lassen Sie in das Kaufanbot zusätzlich den Passus »vorbehaltlich einer Finanzierungszusage« aufnehmen um sich vor Schwierigkeiten zu schützen!

Wert der Wohnung

Definition des Verkehrswertes

Der Verkehrswert ist der Preis, der bei einer Veräußerung der Sache üblicherweise im redlichen Geschäftsverkehr für Sie erzielt werden kann.

Die Zugänge, was eine Immobilie in der Regel Wert ist, weichen zum Teil gravierend ab. Ein Verkäufer (oder der beauftragte Makler) wird die Immobilie immer höher bewerten als ein potenzieller Käufer bereit ist für diese Immobilie zu zahlen. Um eine Kauftransaktion abzuschließen, muss der Makler einen Konsens zwischen den beiden Parteien erzielen.

Um einen Wert für sich zu bestimmen, kann man sich folgender »Faustformel« bei Wohnungen bedienen:

Eruieren Sie zuerst einen Vergleichswert (Preis pro m² nur für die Wnfl.) einer neuen Immobilie, die derzeit von einem Bauträger zum Kauf in derselben Region angeboten wird. Danach »werten« Sie die Wohnung um je 1,25 % pro Alter der Wohnung ab (sollte das Objekt »generalsaniert« worden sein, dann kann als Alter das Jahr der Sanierung angenommen werden).

Beispiel:

Wohnung 50 m², Alter 18 Jahre. Eine vergleichbare Wohnung (ähnlich großes Objekt) kostet nun neu je m² ca. 4.000,- somit ca. 200.000,-. Das bedeutet für die vorhandene Wohnung:

50 m² *	4000,-	=	200.000,-
Abzüglich Alter 18 Jahre		=	45.000,-

Ergibt einen Wert von 155.000.- oder 3.100 je Quadratmeter

Die Korrekte Formel für die Berechnung der Wertminderung lautet:

$$\frac{\text{Gebäudelebensalter}}{\text{Gewöhnliche Lebensdauer}} \times 100$$

Die gewöhnliche Lebensdauer von Wohnimmobilen beträgt in der Regel ca. 80 Jahre. Sollte eine Generalsanierung in den letzten Jahren stattgefunden haben, so beginnt die gewöhnliche Lebensdauer wieder von vorne an zu laufen. Somit kommen wir bei folgender Rechnung 1 / 80 * 100 auf den Wert von 1,25 % pro Jahr, seit dem das Objekt errichtet wurde.

Dies sind nur Näherungswerte und bedingen immer dieselbe Energieeffizienz in etwa dieselbe Anzahl von Parteien im Gesamtgebäude und natürlich der Betriebskostenaufwand! Sollten da noch weitere Abweichungen entstehen, so muss auch der Wert dementsprechend angepasst werden.

Definition Vergleichswertmethode

Im Vergleichswertverfahren ist der Wert der Sache durch Vergleich mit tatsächlich erzielten Kaufpreisen vergleichbarer Sachen zu ermitteln.

Bei diesem Verfahren müssen Sie nach vergleichbaren Wohnungen, die im Umkreis verkauft wurden, suchen, um auf einen entsprechenden realen m²-Preis zu kommen. Als Konsument ist dies natürlich nicht einfach, da ein Zugang zum öffentlichen Grundbuch oft sehr schwierig ist. Man kann sich aber sehr wohl den vielen Zeitungsinseraten bedienen, um eine Näherung zu einem reellen Wert zu kommen.

Eine weitere Möglichkeit, einen realistischen Preis für eine Immobilie zu finden, ist, dass Sie den Kaufpreis durch den möglichen Netto-Jahresmietertrag dividieren. Das Ergebnis sollte auf jeden Fall unter 30 liegen, im besten Fall unter 25! Dies ist natürlich nur ein Annäherungswert, da ja sehr viele Faktoren auf eine Liegenschaft Einfluss nehmen!

Schlussendlich muss Ihnen klar sein, dass den Wert einer Immobilie, die Sie kaufen möchten, nur Sie selbst definieren können.

Kauf und Sanierung

Sie haben natürlich auch die Möglichkeit, eine bestehende Wohnung zu kaufen und diese zu sanieren! Viele denken sich dabei eine Menge an Geld zu sparen – da ja der Grundpreis wesentlich günstiger ist, als wenn ich mir eine neue Wohnung kaufe! Zum Kauf der Wohnung lesen Sie bitte unbedingt das Kapitel »Wert der Wohnung« eingehend durch. Welche Kosten entstehen dann noch bei der Renovierung? Dies hängt maßgeblich vom Zustand und vom Alter der Wohnung ab. Zuallererst sollte man sichergehen, ob nicht schon der Voreigentümer illegal Wände entfernt hat. Der bei der Behörde aufliegende Plan muss mit dem aktuellen Erscheinungsbild der Wohnung übereinstimmen. Tut er das nicht, sollte der Verkäufer die Umbauten legalisieren lassen. Derartige »illegale« Umbauten führen meist zu einem erheblichen Wertverlust der Wohnung, da ja nicht sicher ist, ob diese Maßnahmen bewilligt werden.

Bei einer Sanierung muss ich mir vorher sicher sein, was ich selbst erfüllen kann, beziehungsweise, wo ich auf jeden Fall einen Fach-Handwerker konsultieren sollte! Für folgende Gewerke ist es sinnvoll, einen Profi für die Erledigung zu beauftragen:

- Elektrik (Neuverrohrung und -installation der gesamten Wohnung auf einen heute üblichen Standard)
- Wasser / Heizung (Neuinstallation bzw. Anschluss an einen zentralen Hausanschluss mit Zentralheizung)

Eine Renovierung / Sanierung einer Eigentumswohnung kann zwischen € 200,- und € 1200 ,- (natürlich nach oben hin gibt es keine Grenzen) je Quadratmeter betragen! Hier ein kleiner Anhaltspunkt, was die einzelnen Maßnahmen je m² kosten (es handelt sich um Grobschätzungen!):

Baumeisterarbeiten Mauerarbeiten	€ 190,-
Gas	€ 35,-
Heizung	€ 130,-
Sanitär	€ 110,-
Elektro	€ 80,-
Fliesen	€ 60,-
Boden	€ 50,-
Tischler	€ 25,-
Maler	€ 80,-

Schlosser	€ 15,-
Sonstiges	€ 15,-
Summe je m2	€ 790,-

Bei der Sanierung müssen Sie zwischen einer kosmetischen Sanierung und einer Totalsanierung unterscheiden. Diese spiegelt natürlich die oben angegebene Preisspanne wider. Wenn Sie vorhaben, die Wohnung selbst zu nutzen und selbst darin zu wohnen, kann ich Ihnen nur den Rat geben, sich an eine Totalsanierung heranzutrauen und Ihr Eigentum dadurch aufzuwerten. Wollen Sie jedoch Schritt für Schritt die Sanierungen über Jahre hindurch durchführen, so muss Ihnen bewusst sein, dass Sie in dieser Zeit auf einer ewigen »Baustelle« leben. – natürlich kann man sich finanziell nur nach der »Decke strecken«.

Wer hilft bei der Sanierung?

Gute Frage! In der Regel ist es als Eigentümer besser, nur einen Ansprechpartner zu haben. Das bedeutet, man sollte sich an einen Baumeister wenden (Vergleiche auch noch von anderen einholen), der sich um die Gesamtmaßnahmen kümmert. Dieser tritt für Sie dann als Generalunternehmer auf und koordiniert die Handwerker. Er kümmert sich um eine professionelle Ausschreibung der einzelnen Gewerke und verhandelt die Preise, macht einen Plan für den zeitlichen Ablauf und vor allem kümmert er sich um einen reibungslosen Ablauf auf der Baustelle. In der Regel verlangen die Baumeister für diese Tätigkeit ca. 10 % des Gesamtauftragswertes.

Sollten Sie bei einzelnen Maßnahmen Ihre handwerklichen Geschicke selbst einsetzen, so überlegen Sie sich, was Sie können und was nicht. Denn unter Umständen kann billig auch teuer sein. Folgende Tätigkeiten können ohne größere Folgen umgesetzt werden:

- ✓ Malerarbeiten
- ✓ Fliesen (aufpassen – Sie sehen Ihre Verlegungsmissgeschicke jeden Tag!)
- ✓ Stemmen und Abbruch

Bauträgervertragsgesetzt BTVG

Das BTVG wurde am 1.1.1997 mit der Zielsetzung in Kraft gesetzt, die Erwerber von Wohn- und Geschäftsräumen vor dem Verlust ihrer Vorauszahlungen im Fall der Insolvenz des Bauträgers zu schützen.

Ziel des BTVG

ist es, dem Erwerber, der vor Fertigstellung eines Bauprojektes Zahlungen zu leisten hat, vor dem Verlust seines Geldes im Konkursfall des Bauträgers sowie vor unüberlegten Vertragsabschlüssen zu schützen.

Begriffsbestimmungen

Der Bauträgervertrag ist ein Vertrag zwischen einem Bauträger und dem Käufer über den Erwerb des

- Eigentumes
- Wohnungseigentumes
- Baurechts
- Bestandrechtes (Miete, Pacht)
- sonstigen Nutzungsrechtes (inkl. Leasing)

an Gebäuden, Wohnungen oder Geschäftsräumen, die erst errichtet oder durchgreifend erneuert werden. Daher fallen Verträge über bereits bestehende Wohnungen nicht darunter.

Bauträger ist, wer sich verpflichtet, dem Käufer die oben angeführten Rechte zu verschaffen. Es kann sich somit um eine natürliche oder juristische Person handeln, einen gemeinnützigen oder anderen Bauträger.

Erwerber ist, wer den Anspruch auf den Kauf der obengenannten Rechte gegen einen Bauträger zusteht. Da in der Praxis (aus steuerlichen und Kostengründen) häufig der Bauträger nicht zugleich auch der Liegenschaftseigentümer ist, liegt ein Bauträgervertrag aber auch dann vor, wenn der Erwerber sein Recht an der Liegenschaft von einem Dritten erwirbt und damit ein Vertrag über die Errichtung oder umfassende Erneuerung eines Gebäudes verbunden ist. Die beiden Verträge müssen eine wirtschaftliche Einheit bilden.

Anwendungsbereich

Das BTVG ist nur auf Bauträgerverträge anzuwenden, bei denen der Erwerber vor der Fertigstellung vereinbarungsgemäß Zahlungen von mehr als € 150,-- pro Quadratmeter Nutzfläche an den Bauträger oder an Dritte zu leisten hat.

Dabei sind auch Zahlungen für Sonder- und Zusatzleistengen, sofern sie vom Bauträger angeboten oder vorgegeben wurden, einzubeziehen.

Schutzbestimmungen

Zwingende Vertragsvorschriften

Der Bauträgervertrag muss schriftlich abgefasst werden.

HINWEIS:
Der Vertrag muss nicht als *Bauträgervertrag* bezeichnet werden In der Praxis wird er häufig in den Anwartschaftsvertrag eingebunden. Entscheidend sind die vorgegebenen Inhalte!
Um eine bessere Information des Erwerbers, der das Objekt vor der Fertigstellung oder durchgreifenden Sanierung nicht besichtigen kann, bei Vertragsabschluss zu gewährleisten, ist folgender Mindestinhalt gesetzlich vorgeschrieben, § 4 BTVG:

- ✓ die konkrete Bezeichnung des Objektes
- ✓ Hinweis darauf, dass der Vertragsgegenstand oder die Gesamtanlage in einer wildbach- oder lawinenbedingten Gefahrenzone oder einem Hochwasserabflussgebiet liegt

- ✓ den Preis und die vom Erwerber jeweils für Sonder- und Zusatzleistungen zu entrichtenden Beträge
- ✓ die Fälligkeit der Zahlungen
- ✓ Die Angabe des spätesten Übergabetermins des Vertragsgegenstandes sowie des Termins der Fertigstellung der Gesamtanlage
- ✓ die Nennung der vom Erwerber zu übernehmenden Lasten
- ✓ die Art der Sicherung des Erwerbers
- ✓ das Konto des Bauträgers, auf das der Erwerber die Zahlungen bei einer Sicherung durch Garantie oder Versicherung zu entrichten hat
- ✓ die namentliche Nennung des Treuhänders

Wichtig:
Werden diese Punkte nicht in den Vertrag aufgenommen, so steht dem Erwerber ein Rücktrittsrecht von seiner Vertragserklärung zu.

Rücktrittsrechte

Zum Schutz vor übereilten Vertragsabschlüssen sieht das BTVG zwei voneinander zu trennende gesetzliche Rücktrittsrechte des Erwerbers vor:

1. Rücktritt wegen mangelhafter Vorausinformation (§ 5 Abs 1 Z 1 – 5 BTVG): Dem Erwerber sind bis spätestens eine Woche vor Abgabe der Vertragserklärung alle wichtigen Informationen über das zu erwerbende Objekt (Vertragsinhalt) sowie der genaue Wortlaut der geplanten Absicherung (Sicherungserklärung) des Erwerbers schriftlich zu übermitteln.

2. Rücktritt wegen Nichterhalt einer Förderung (§ 5 Abs 3 BTVG): Unterbleibt eine von den Parteien dem Vertrag zugrunde gelegte Wohnbauförderung ganz oder in erheblichem Ausmaß aus Gründen, die nicht beim Erwerber liegen, so steht diesem ebenfalls ein Rücktrittsrecht zu.

3. Rücktritt nach Konsumentenschutzgesetz (KSCHG): Neben den genannten Rücktrittsrechten des BTVG ermöglicht auch das KSCHG (Konsumentenschutzgesetz) dem Verbraucher den Vertragsrücktritt unter bestimmten Voraussetzungen:

   - Rücktrittsrecht bei Nichteintritt »maßgeblicher Umstände«
   - Rücktrittsrecht von Haustürgeschäften
   - Rücktritt von Immobiliengeschäften

   Die Rücktrittsfristen betragen zwischen einer Woche und einem Monat, je nach dem für den Rücktritt maßgeblichen Grund.

Rücktrittsrechte des Bauträgers

Dem Bauträger steht ein Rücktrittsrecht nur dann zu, wenn er dieses vertraglich mit dem Erwerber vereinbart hat, wobei das Gesetz ausschließlich folgende Gründe zulässt:

- ✓ Das Bauvorhaben erweist sich als wirtschaftlich unrentabel
- ✓ Der Erwerber kommt seinen vertraglichen Nebenpflichten nicht innerhalb der vereinbarten oder angemessenen Frist nach

Dieses Rücktrittsrecht kann der Bauträger nur dann ausüben, wenn er dem Käufer eine schriftliche Aufforderung zur Vornahme der unterbliebenen Handlung unter Setzung einer einmonatigen Nachfrist erteilt hat, die diese nicht wahrgenommen hat.

Sicherungspflichten (-modelle)

Um den Erwerber vor dem Verlust seiner aufgrund des Bauträgervertrages geleisteten Zahlungen (mit Ausnahme jener für Abgaben und Steuern sowie Vertragserrichtungs- und Vertragsabwicklungskosten) zu schützen, muss zumindest eines der gesetzlich vorgeschriebenen Sicherungsmodelle dem Vertrag zugrunde gelegt werden. Es können auch mehrere Sicherungsarten kombiniert oder nachträglich einvernehmlich ausgetauscht werden, soweit der Sicherungszweck dadurch nicht beeinträchtigt wird. Vor dem Vorliegen einer entsprechenden Sicherung werden Ansprüche des Bauträgers gegenüber dem Erwerber nicht fällig.

Der Gesetzgeber sieht drei Hauptsicherungsmodelle vor:

1. Die **schuldrechtliche** Sicherung (§ 8 BTVG) Allfällige Rückforderungsansprü-

che des Erwerbers einschließlich deren Verzinsung (3 Jahre) können durch

- Garantie oder
- geeignete Versicherung gedeckt werden.

2. Die **grundbücherliche** Sicherung (§ 9 BTVG) (in Verbindung mit Ratenplan) Diese Form der Absicherung kommt nur in Betracht, wenn
   - Eigentum
   - Wohnungseigentum oder ein
   - Baurecht erworben werden soll.

Der Käufer soll im Falle einer Insolvenz des Bauträgers in die Lage versetzt werden, sich aus dem Erlös der Liegenschaft befriedigen zu können. Es müssen folgende gesetzliche Auflagen erfüllt werden, die von einem zwingend einzustellenden Treuhänder zu überprüfen sind:

- Der Rechtserwerb auf der zu bebauenden Liegenschaft muss grundbücherlich ausreichend sichergestellt sein

- Die Zahlungen des Erwerbers auf den vereinbarten Preis dürfen nur nach einem strengen „Ratenplan" (Ratenplan A oder Ratenplan B) nach Maßgabe des Baufortschritts fällig gestellt werden. Die höchstmöglichen Raten sind folgendermaßen festgelegt:

Ratenplan A:

- 15 % bei Baubeginn aufgrund einer rechtskräftigen Baubewilligung
- 35 % nach Fertigstellung des Rohbaus und des Daches
- 20 % nach Fertigstellung der Rohinstallationen
- 12 % nach Fertigstellung der Fassade und der Fenster einschl. deren Verglasung
- 12 % nach Bezugsfertigstellung oder bei vereinbarter vorzeitiger Übergabe des eigentlichen Vertragsgegenstandes
- 4 % nach Fertigstellung der Gesamtanlage
- Restbetrag nach Ablauf von 3 Jahren ab der Übergabe des eigentlichen Vertragsgegenstandes, sofern der Bauträger allfällige Gewährleistungs- und Schadenersatzansprüche nicht durch eine Garantie oder Versicherung gesichert hat.

Sofern der Erwerb der Deckung des dringenden Wohnbedürfnisses des Erwerbers oder dessen naher Angehöriger dienen soll, hat der Bauträger bei der vereinbarten Zahlung nach Ratenplan A eine zusätzliche Garantie oder Versicherung bei-

zubringen, um dem Erwerber alle vermögenswerten Nachteile, die ihm aus der Bauverzögerung oder -einstellung entstehen, welche durch Eröffnung des Konkurs- oder Ausgleichsverfahrens über das Vermögen des Bauträgers oder Abweisung des Konkurseröffnungsantrages mangels kostendeckenden Vermögens hervorgerufen werden, abzugelten.
Die Höhe der Garantie muss mindestens 10 % des vom Erwerber zu entrichtenden Preises betragen.

Ratenplan B:

- 10 % bei Baubeginn aufgrund einer rechtskräftigen Baubewilligung
- 30 % nach Fertigstellung des Rohbaus und des Daches
- 20 % nach Fertigstellung der Rohinstallationen
- 12 % nach Fertigstellung der Fassade und der Fenster einschl. deren Verglasung
- 17 % nach Bezugsfertigstellung oder bei vereinbarter vorzeitiger Übergabe des eigentlichen Vertragsgegenstandes
- 9 % nach Fertigstellung der Gesamtanlage
- Rest nach Ablauf von 3 Jahren ab der Übergabe des eigentlichen Vertragsgegenstandes, sofern keine Garantie oder Versicherung für allfällige Gewährleistungs-

und Schadenersatzansprüche abgeschlossen wurde.

3. Die **pfandrechtliche** Sicherung Allfälliger Rückforderungsansprüche einschließlich der Verzinsung (3 Jahre) werden durch ein ausreichend Deckung bietendes Pfandrecht auf einer anderen Liegenschaft gesichert. Allfällige Rückforderungsansprüche mehrerer Erwerber/innen können auch durch ein Pfandrecht zugunsten des Treuhänders gesichert werden. Die Verfügung und Verwertung steht dann nur dem Treuhänder zu.

Die Treuhänderbestellung

Der Bauträger ist verpflichtet – mit Ausnahme bei der schuldrechtlichen Sicherung – bereits bei Vertragsabschluss einen Treuhänder zu bestellen, der sozusagen als »prüfende Instanz« fungieren soll.

Haftrücklass

Zur Sicherung allfälliger Gewährleistungs- und Schadenersatzansprüche aufgrund mangelhafter Leistung steht dem Erwerber/in für die Dauer von 3 Jahren ab der Übergabe des eigentlichen Vertragsgegenstandes ein Haftrücklass in Höhe von mindestens 2 % des vereinbarten Kaufpreises zu.

Das Grundbuch

Das Grundbuch ist ein von den Bezirksgerichten geführtes öffentliches Verzeichnis, in das Grundstücke und die an ihnen bestehenden dinglichen Rechte eingetragen werden:

- Eigentum
- Wohnungseigentum
- Pfandrechte
- Baurechte
- Dienstbarkeiten und Reallasten

Darüber hinaus wird durch Anmerkungen (z.B. Anmerkung der Rangordnung) und Ersichtlichmachungen auf bestimmte rechtlich erhebliche Tatsachen hingewiesen.

Die Bedeutung des Grundbuchs liegt vor allem darin, dass die erwähnten dinglichen Rechte nur durch Eintragung in das Grundbuch erworben werden können (so genannter Eintragungsgrundsatz).

Es gilt die Lehre von Titel und Modus.
Das bedeutet, dass das Eigentum und andere dingliche Rechte, insbesondere auch das Liegenschaftspfand (Hypothek), nur dadurch erworben

werden, dass das Titelgeschäft (z.B. Kauf- oder Pfandbestellungsvertrag) ins Grundbuch eingetragen wird.
Die Eintragung stellt somit den Modus, die rechtlich taugliche Erwerbsart, dar. Erst sie bewirkt den Eigentumsübergang an Liegenschaften oder das Entstehen einer Hypothek als Liegenschaftspfand.

Jeder kann auf die Richtigkeit und Vollständigkeit des Grundbuchs vertrauen (so genannter Vertrauensgrundsatz).

»Wer zuerst kommt, mahlt zuerst.« Das bedeutet den Vorrang des früher eingetragenen Rechts (Prioritätsprinzip). Der Rang wird durch den Zeitpunkt des Einlangens eines Grundbuchgesuchs beim Grundbuchsgericht bestimmt. Das ist vor allem für Hypotheken wichtig, da deren Befriedigung rangmäßig erfolgt.

Öffentlichkeitsgrundsatz – das Grundbuch ist öffentlich: Jedermann hat das Recht auf Einsicht und auf Erstellung einer Grundbuchsabschrift. Seit 1. Juli 1999 ist die Grundbuchsabfrage auch elektronisch möglich. Unter Angabe von Katastralgemeinde (KG) und Einlagezahl (EZ) bzw. des Grundstücks kann eine Abfrage durchgeführt werden. Ist die Katastralgemeinde, die Einlagezahl oder die Grundstücksnummer unbekannt, kann über die Hilfsverzeichnisse danach gesucht werden.

Die Basis für das Grundbuch bildet der Kataster, weil er Katastralgemeinde und Grundstück definiert. Er ist eine von den Vermessungsämtern geführte öffentliche Einrichtung zur Ersichtlichmachung bestimmter tatsächlicher Grundstücksverhältnisse (z.B. Lage, Fläche, Nutzung) und – soweit der Grenzkataster angelegt worden ist – zum verbindlichen Nachweis der Grenzen.

Hinweis: es gibt den Grundsteuerkataster und den Grenzkataster: Der Grenzkataster wurde durch das Vermessungsgesetz 1968 eingeführt, er liefert einen verbindlichen Nachweis der Grenzen. Hingegen sind die im Grundsteuerkataster eingezeichneten Grenzen nicht verbindlich, sondern der Rechtserwerb (z.B. Eigentum) richtet sich nach den tatsächlich vorhandenen natürlichen Grenzen. Nicht alle Grundstücke sind bereits im Grenzkataster eingetragen.

Grundbuch und Kataster verwalten daher überschneidende Datenkreise.

Seit der Umstellung auf die Grundstücksdatenbank – das ist eine zentrale Datenbank, die in der Bundesrechenzentrum GmbH eingerichtet ist –

werden die Daten beider Bereiche elektronisch miteinander verknüpft.

Im Hinblick auf das Grundbuch werden in der Grundstücksdatenbank

- das Hauptbuch,
- das Verzeichnis der gelöschten Eintragungen und
- die Hilfsverzeichnisse

geführt.

Hinweis: Die Urkundensammlung ist nicht in der Grundstücksdatenbank gespeichert, sondern im Urkundenarchiv der Justiz. Nicht gespeicherte Urkunden können nach wie vor nur bei dem Gericht eingesehen werden, bei dem sie in die Urkundensammlung aufgenommen worden sind. Die Einsicht in bereits elektronisch gespeicherte Urkunden erfolgt wie die Einsicht in das Hauptbuch.

Im Hinblick auf den Kataster kann mit Hilfe der Grundstücksdatenbank u.a. in

- das Grundstücksverzeichnis,
- die digitale Katastralmappe (DKM), das ist eine geometrische Darstellung der Grundstücke in einheitlichem Landessystem, und in

- die Koordinatenverzeichnisse der Fest- und Grenzpunkte

unmittelbar eingesehen werden.

Das Grundbuch ist für Sie als Käufer immer sehr wichtig, da alle Rechte und auch alle Pflichten, die mit dieser Immobilie verbunden sind, eine Belastung darstellen können.

Wohnungseigentum nach dem WEG (= Wohnungseigentumsgesetz):

Jeder Wohnungseigentümer hat ideelles Miteigentum an der Liegenschaft, das mit dem dinglichen Recht verbunden ist, eine Wohnung oder sonstige Räumlichkeit ausschließlich zu nutzen. »Dinglich« bedeutet, dass dieses Recht durch einen Wechsel der Eigentümer nicht berührt wird.

Früher konnte Wohnungseigentum an einem Wohnungseigentumsobjekt (Wohnung, Geschäftslokal ...) nur einem Eigentümer allein oder Ehegatten gemeinsam zustehen.
Seit dem neuen Wohnungseigentumsgesetz 2002 können auch zwei beliebige natürliche Personen (also nicht mehr beschränkt auf Ehegatten) gemeinsam ein Wohnungseigentumsobjekt erwerben.

In der Regel begründet man Wohnungseigentum (z.B. im Zuge der Neuerrichtung eines Gebäudes oder bei bestehenden Häusern) durch eine schriftliche Vereinbarung der Miteigentümer oder Miteigentümerinnen, dem so genannten Wohnungseigentumsvertrag, der beim zuständigen Grundbuchsgericht zu verbüchern ist. Wohnungseigentum kann aber auch »durch Richterspruch« im Teilungsverfahren (zivilrechtliche Aufteilung einer Liegenschaft) begründet werden.

Davor müssen allerdings einige Voraussetzungen für die Wohnungseigentumsbegründung erfüllt werden.

Die Begründung von Wohnungseigentum an einer Liegenschaft erfordert folgendes Verfahren:

- Einholen von Bescheinigungen / Gutachten
    - Bescheinigung der Baubehörde oder Gutachten eines Sachverständigen oder einer Sachverständigen über die Anzahl der selbstständigen wohnungseigentumsfähigen Objekte sowie
    - Gutachten über die Nutzwertberechnung (Parifizierung)

- Erstellung des Wohnungseigentumsvertrags
- Eintragung des Wohnungseigentumsvertrags ins Grundbuch (Verbücherung), denn erst mit der Verbücherung wird das Wohnungseigentum begründet

Kaufabwicklung über einen Treuhänder

Ich weiß, man mag sich denken: »Das kann ich doch selbst« oder »Ich spare mir ein paar Euro!«. Ich kann nur jeden davor warnen, einen Kauf ohne Treuhänder abzuwickeln!

Denken Sie einmal daran, einen Kaufvertrag selbst zu errichten, wozu durchaus jeder im Stande ist, überlegen Sie sich auch die Konsequenzen! Weder die Sicherheit für den Käufer noch für den Verkäufer ist gegeben! Sollte während des Kaufprozesses (Kaufvertrag – Eigentumsrecht im Grundbuch – Geldüberweisung) einer der Vertragspartner ableben – so kann es zu erheblichen Problemen in der Umsetzung kommen.

Wie sieht der Prozess der Abwicklung über den Treuhänder aus?

Der Käufer und der Verkäufer sind sich handelseins und wollen nun das Geschäft abschließen. Um vorab diese Willensübereinkunft zu dokumentieren, wird oft ein Kaufangebot von beiden Parteien gegengezeichnet. Dieses Kaufangebot dient in weiterer Folge dem Vertragserrichter als Grundlage für das Rechtsgeschäft.

Grundsätzlich darf sich der Käufer der Liegenschaft den Vertragserrichter, der in den meisten Fällen auch der Treuhänder ist, selbst aussuchen. Dieser muss ihn schlussendlich ja auch bezahlen! Bei den Vertragserrichtern gibt es zwei Möglichkeiten. Entweder man wählt einen Rechtsanwalt oder einen Notar. Ich kann nur empfehlen, dass man einen Partner wählt, der sich auch mit der Abwicklung auskennt, bzw. der diesen Prozess auch des öfteren durchführt. Der Notar hat in diesem Fall klar den Vorteil, da ja auch die Beglaubigung von Unterschriften durchzuführen ist und dies nur durch den Notar bzw. durch das jeweilige Bezirksgericht gemacht werden kann!

Warum eine Treuhandschaft?

Eine Treuhandschaft ist die Sicherstellung beider Rechtsparteien, dass das, was im Kaufvertrag vereinbart wird, auch eingehalten werden muss. Das bedeutet, der Verkäufer kann sich sicher sein, dass der Käufer nur dann Eigentümer der Liegenschaft wird, wenn auch der vereinbarte Kaufpreis auf das zuvor eröffnete Treuhandkonto überwiesen wurde. Der Käufer kann sich sicher sein, dass er bei Bezahlung des vereinbarten Kaufpreises die Liegenschaft lastenfrei in sein Eigentum übernehmen kann. Dafür übernimmt der Treuhänder die »Garantie«. Zusätzlich sind alle Treuhandgelder auch durch eine Absicherung im Treuhandregister zusätzlich geschützt.

Schematische Darstellung:

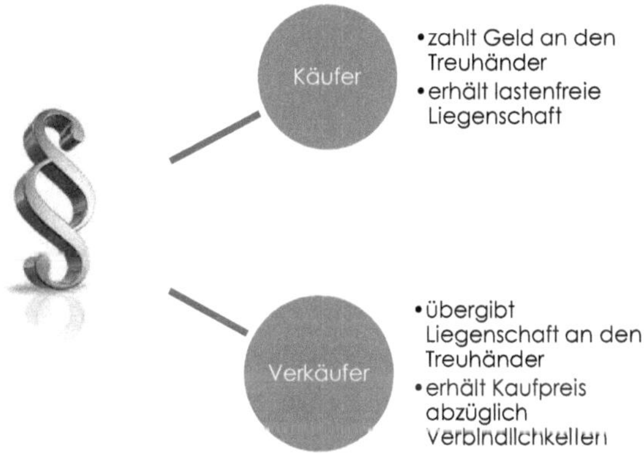

Kosten, die ich berücksichtigen muss:

Bei den Kosten muss man zwischen Kaufnebenkosten und Finanzierungsnebenkosten unterscheiden.

Zu den Kaufnebenkosten zählen:

- ✓ Grunderwerbssteuer:
  Die Grunderwerbssteuer ist eine öffentliche Abgabe und beträgt in der Regel 3,5 % vom Kaufpreis. Ausnahme ist der Verkauf, Schenkung oder Übergabe in der Familie, wo ein begünstigter Steuersatz von 2 % zur Anwendung kommt.
- ✓ Eintragung des Eigentumsrechts:
- ✓ Zur Verbücherung des eigenen Namens im Grundbuch entstehen öffentliche Gebühren in der Höhe von 1,1 % vom Kaufpreis.
- ✓ Notar- / Treuhandkosten: Grundsätzlich muss man mit Kosten in der Höhe von 1 bis 2 % des Kaufpreises plus Barauslagen, sprich Kosten für Kopien, Telefonate, Dienstgänge, etc. zuzüglich der gesetzlichen Mehrwertsteuer kalkulieren. Je höher der Kaufpreis, desto besser die Verhandlungsposition.
- ✓ Maklerkosten:

- ✓ Kauft man seine Wohnung über einen Immobilienmakler, kommen zusätzlich zu allen bereits erwähnten Kosten noch zusätzlich 3 % zzgl. der gesetzlichen Mehrwertsteuer zur Verrechnung. Diese Kosten sind meist bereits bei Unterzeichnung des Kaufangebotes zur Zahlung fällig – bitte unbedingt aufpassen, dass dieses Geld bereits im Vorfeld zur Verfügung steht!

Werden für den Ankauf der Wohnung auch Fremdmittel (Kredit, Bauspardarlehen, Förderdarlehen, etc.) benötigt, entstehen noch folgende Kosten:

An Finanzierungsnebenkosten entstehen in der Regel ca. 5 % des zu finanzierenden Betrages. Diese werden wie folgt gegliedert:

- ✓ Bearbeitungsgebühr zwischen 1 % und 3 %
- ✓ Eintragungsgebühr im Grundbuch in der Regel ca. 1,44 % vom Finanzierungsbetrag (1,2 % vom zu verbüchernden Pfandrecht - 120%)
- ✓ Beglaubigungskosten richten sich nach der Höhe des Pfandrechtes und betragen zwischen 150 und 500 €
- ✓ Schätzkosten: Dieser Punkt ist bei den Banken und Bausparkassen ein sehr va-

riabler Anteil – und bewegt sich in der Regel zwischen € 150 und 2000 €

Hier als Beispiel der Kauf einer Eigentumswohnung:

Kaufpreis der Wohnung	€ 150.000,-
Grunderwerbsteuer (3,5 %)	€ 5.250,-
Eigentumsrecht (1,1 %)	€ 1.650,-
Maklerkosten (3,6 %)	€ 5.400,-
Notar (2 %)	€ 3.000,-
Summe	€ 165.300,-
Abzüglich der Eigenmittel	€ 30.000,-
Ergibt Finanzierungsbedarf	€ 135.300,-
Zuzüglich Finanzierungsnebenkosten (Summe ca. 5 %)	€ 8.000,-
Gesamt – Fremdmittel	€ 143.300,-

Man sollte sich bewusst sein, dass ca. 15 %, gemessen am Kaufpreis, an Kosten entstehen, die für Sie als Käufer oder für Ihre Bank oder Bausparkasse »keinen« Wert darstellen!

Mein Tipp

Daher kann ich jedem nur raten, zumindest 20 % des Kaufpreises und zusätzlich 15 % an Kauf- und Finanzierungsnebenkosten als Eigenmittel anzusammeln, bevor Sie sich auf die Suche nach einer Immobilie machen.

Eigenmittel – Förderung – Bank- und Bausparkasse

Nun ist es fast geschafft! Sie haben Ihre Traumimmobilie am Traumort gefunden, jetzt heißt es nur noch diese Immobilie zu finanzieren. Bei der Finanzierung ist es wesentlich, alle Möglichkeiten in Betracht zu ziehen und sich im Vorfeld genau zu überlegen, welches Modell der Finanzierung Sie wählen.

Als ersten Schritt müssen Sie einen Finanzierungsplan aufstellen. Dieser Plan sollte anhand der im Kapitel »Kosten, die ich berücksichtigen muss« erstellt werden.

Hier ein Beispiel:

Kaufpreis der Wohnung	€ 100.000,-
Kaufnebenkosten **in Summe ca. 11 %**	€ 11.000,-
Eventuelle Renovierung/Sanierung	€ 20.000,-
Einrichtung / Küche	€ 15.000,-
Summe der Kosten	€ 146.000,-

Wenn die Gesamtkosten ermittelt wurden, wählt man die Finanzierungsmittel vom »„günstigsten« Geld bis zum »teuersten« Geld. Das für Sie günstigste sind die Eigenmittel, die Sie zur freien Verfügung haben. Sinnvoll bzw. notwendig sind in der Regel ca. 20 % des Kaufpreises und zusätzlich die Kaufnebenkosten. Das bedeutet in unserem Beispiel Eigenmittel in der Höhe von ca. € 31.000,-.

Im Anschluss kümmern Sie sich um das nächst günstigere Geld und das ist die regionale Wohnbauförderung. Im Anhang finden Sie die jeweiligen Adressen in den Bundesländern! Nachdem sich leider alle Wohnbauförderungen in ihrer Art unterscheiden und laufend angepasst werden, ist der beste Weg, sich direkt vor Ort über die Möglichkeiten zu informieren. Die Bandbreite reicht von zinslosen Darlehen über Zinszuschüssen bis hin zu einmalig – nicht rückzahlbaren – Zuschüssen.

Zuguterletzt kommen wir zur sogenannten Ausfinanzierung des Gesamtvorhabens, dabei muss man sich folgende Fragen stellen:

- Wie entwickelt sich das Zinsniveau in den nächsten Jahren, in denen ich meine Raten bezahlen muss

- Wie hoch darf die monatliche Belastung jetzt sein
- Bis zu welcher Ratenhöhe kann ich mir die monatliche Belastung ohne Einschnitte im Leben leisten
- Erwarte ich in den Jahren der Finanzierung eine finanzielle Zuwendung, die in der Finanzierung Berücksichtigung finden soll? (Verkauf einer anderen Immobilie, Ablauf einer Lebensversicherung, Schenkung, Erbschaft, …)

Fix oder variabel? Variable Zinsen sind auf dem Papier die günstigere Lösung. Doch bei Kreditlaufzeiten von 20 Jahren und mehr geht es nicht um eine kurzfristige Denkweise, sondern um einen vernünftigen langfristigen Zugang. Es gibt deshalb keine Patentantwort auf die Frage nach der besseren Variante, weil niemand die Zinsentwicklung für die kommenden Jahre und Jahrzehnte auch nur halbwegs exakt vorhersagen kann.

Je Komplexer Ihre Anforderungen an eine Finanzierung, desto wichtiger ist es, sich an einen Finanzierungsspezialisten zu wenden! Achten Sie dabei auf Objektivität in der Beratung. Egal wie Sie Ihre Finanzierung gestalten, ob Sie richtig gelegen sind, werden Sie erst am Ende der Laufzeit wissen. Ich werde Ihnen noch die Vor- und Nachteile der einzelnen Finanzierungsmöglichkeiten auflisten, um für Sie die Entscheidung zu erleichtern.

Die Bankfinanzierung:

Vorteile

- günstige Zinsen
- einfache Abwicklung
- Verwendungszweck ist frei
- Beleihungen über 100 % auch möglich

Nachteile

- keine Zinsobergrenze
- hohe Kontoführungsspesen
- oft Bedingungen wie Gehaltekonto
- Pflicht: Ablebensversicherung
- bei Selbststädigen: kostenintensive Jahresvorlage
- Höchstalter in der Regel 70 Jahre

Bausparfinanzierung:

Vorteile

- maximale Zinsen: 6 %
- lange Laufzeiten möglich
- keine Einschränkung bei Endalter
- bei Selbstständigen: keine jährliche Überprüfung
- Ablebensversicherung nicht immer Pflicht

Nachteile

- Zinsuntergrenze (zw. 2 % und 2,9 % - je Bausparkasse)
- starre Margen
- strenge Überprüfung des Verwendungszwecks
- schwierige Auszahlungs-modalitäten

Finanzierungsmatrix:

Laufzeit 30Jahre	Zins	2%	3%	4,5%	6%	8%
Summe						
50.000		185	211	254	300	367
100.000		370	422	507	600	734
150.000		555	633	761	900	1.101
200.000		740	844	1.014	1.200	1.468
250.000		925	1.055	1.267	1.499	1.835
300.000		1.109	1.265	1.521	1.798	2.202

Diese Finanzierungsmatrix führt Ihnen vor Augen, wie viel monatliche Belastung Ihre Traumimmobilie für Sie bedeutet. Denken Sie daran, dass die Zinsen, sofern Sie nicht über einen Zeitraum fixiert wurden, variabel sind und diese für Sie einen höheren monatlichen Aufwand bedeuten können. Denken Sie immer daran, dass eine monatliche Belastung für eine Wohnfinanzierung nicht über 40 % ihres Gesamteinkommens ausmachen soll.

Für welche Finanzierung Sie sich schlussendlich entscheiden, obliegt nur Ihnen. Sie sollten selbst überlegen, was langfristig für Sie das Beste ist und wie stark Ihr Einkommen gesichert ist.

Im Zweifel: Sicherheit geht vor!

So setzt sich Ihr Zinssatz zusammen

Der Euribor

Euribor steht für Euro Interbank Offered Rate. Der Euribor ist der Zinssatz, den sich Banken untereinander für das Geldausleihen oder Geldanlegen in Rechnung stellen. Dieser Zinssatz wird seit 1999 regelmäßig täglich nach Angebot und Nachfrage gebildet. Der Euribor gilt als Indikator für kurzfristige Gelder mit einer Laufzeit bis 12 Monate.

Der Swap

Der Zinsswap ist ein Tauschgeschäft, in dem Banken Fixzinsen gegen variable Zinsen tauschen. Dies wird vor allem gemacht, um das Risiko der Zinsentwicklung abzufedern. Manche Banken oder Bausparkassen verwenden als Berechnungsgrundlage für die Darlehen einen Swap-Indikator. Vor allem für Fixzinssätze über einen längeren Zeitraum.

Die Marge

Der Gesamtzinssatz bei einer Finanzierung setzt sich aus dem Zinsindikator (Euribor, Swap, etc.) und der Marge zusammen. Die Marge ist der Ertrag für die Bank, die Ihnen das Darlehen zur Verfügung stellt, und bleibt in der Regel über die gesamte vereinbarte Laufzeit gleich! Bitte lassen Sie sich nicht auf zeitlich befristete Margen ein! – Bei Nachverhandlungen haben Sie sicherlich nicht so gute Karten wie die Bank selbst.

Mein Tipp

> Beachten Sie die langfristigen Zinsentwicklungen, um für sich selbst die geeignete Darlehensvariante zu wählen. Akzeptieren Sie keine befristeten Margen!

Zinsentwicklung

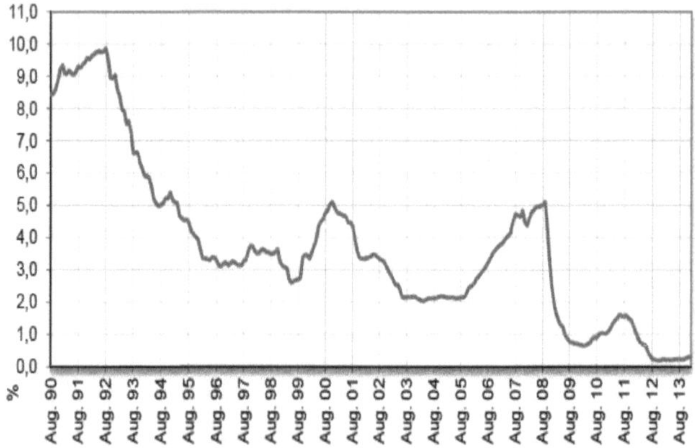

Besicherungsmöglichkeiten für die Bank / Bausparkasse – und deren Kosten

Banken müssen sich, für das verliehene Geld, auch wieder refinanzieren. Das bedeutet, sie müssen dieses Geld entweder durch die bei der Bank liegenden Einlagen oder durch Ausleihung bei einem anderen Institut »besorgen«. Daher muss die Bank eine sehr strenge Kalkulation anstellen, um dieses Geld an Sie zu verleihen. Je höher die Besicherung Ihres Kredites ist, desto besser werden auch die an Sie weitergegebenen Konditionen. Nachdem es ja verschiedene Möglichkeiten der Besicherung gibt, möchte ich die wichtigsten aufzählen und auch die dazugehörigen Kosten anführen.

Grundbücherliche Besicherung

Das Pfandrecht (Hypothek):

Die Hypothek ist ein dingliches* Recht, sich aus der Liegenschaft zu befriedigen, wenn die besicherte Forderung bei Fälligkeit nicht beglichen wird.

(* »dinglich« heißt, dass das Recht durch einen Wechsel des Liegenschaftseigentümers nicht berührt wird)

In der Regel kann und wird sich das finanzierende Institut grundbücherlich besichern. Das bedeutet, dass im Grundbuch ein sogenanntes Pfandrecht eingetragen wird, um den verliehenen Kredit zu besichern. Die Kosten für das Pfandrecht belaufen sich auf 1,2 % des eingetragenen Wertes. Die Höhe des Pfandrechtes variiert zwischen den Banken und beträgt zwischen 100 % und 140 % des verliehenen Geldes.

Die hinterlegte Pfandurkunde:

Wird eine Pfandurkunde – um Kosten zu sparen – nicht im Grundbuch eingetragen, sondern nur bei der Bank hinterlegt, verpflichtet sich der Kunde, die Liegenschaft nicht zu veräußern oder zu belasten. Sollte die Liegenschaft aber trotzdem veräußert werden, kann die Pfandurkunde nicht mehr eingetragen werden (der Pfandbesteller wäre der Bank zwar schadenersatzpflichtig, was aber nichts nützen wird, wenn er sonst kein entsprechendes Vermögen hat). Sollte die Liegenschaft zwar nicht veräußert werden, kann die Pfandurkunde nur im laufenden Rang eingetragen werden. Diese Form der Besicherung wird in der Regel nur bei geringeren Krediten und bonitätsstarken Kunden verwendet, da ja auch die Bank sehr viel Vertrauen in die Handlungsweise des Kunden legen muss!

Simultanhypothek:

Das ist ein Pfandrecht, das auf mehreren Liegenschaften eingetragen wird. Es haften somit mehrere Liegenschaften gemeinsam für dieselben Forderungen. Bei einer Verwertung erhält die Bank nur einmal den Höchstbetrag. Eine Liegenschaft wird als Haupteinlage bestimmt, die anderen sind Nebeneinlagen. Am Grundbuchsauszug der Haupteinlage sind alle Nebeneinlagen angemerkt, am Grundbuchsauszug der Nebeneinlagen jeweils nur die Haupteinlage. Diese Form der Besicherung wird meist gewählt, wenn die Hauptliegenschaft nicht den nötigen Wert für die Besicherung der Bank darstellt. Als Kosten entstehen lediglich einmalig die Eintragungsgebühr in der Höhe von 1,2 % vom Pfandrecht.

Werte von Lebensversicherungen:

Eine weitere Möglichkeit der »materiellen« (=bewertbaren) Sicherheit stellt die Lebensversicherung dar. Wir unterscheiden einerseits die klassische Lebensversicherung mit garantierten Rückkaufswerten und die fondsgebundene Lebensversicherung. Die Bank bewertet diese beiden im Regelfall unterschiedlich:

Die klassische Lebensversicherung wird mit 80 % vom garantierten Rückkaufswert bewertet. Das bedeutet, dass die Bank sich um diese Sicherheit vermindert, noch im Grundbuch sicherstellt. Vorteil sind natürlich die Kosten. Ferner werden auch die Bewertungsansätze von der Darlehenshöhe in Abzug gebracht, um die monatliche Leistbarkeit besser darstellen zu können. Die fondsgebundene Lebensversicherung garantiert keinerlei laufende Werte und wird von den Banken je nach den zur Veranlagung gewählten Fonds bewertet. In der Regel mit maximal 50 % des aktuellen Fondswertes. Kosten entstehen bei der Verpfändung oder Abtretung der Rechte zu Gunsten der Bank keine, außer es muss eine sogenannte Unanfechtbarkeit

(»Selbstmordklausel«) berücksichtigt werden. – Hierbei sind die Kosten stark schwankend zwischen den Versicherungsgesellschaften.

Verkauf von bestehenden Liegenschaften:

Eine sehr häufige Form der Besicherung besteht darin, dass eine zu verkaufende Liegenschaft vorfinanziert wird, um für das neue Projekt die nötigen Eigenmittel zur Verfügung zu haben. Die Bank trägt auf die zu kaufende Liegenschaft eine sogenannte »Rangordnung für die beabsichtigte Veräußerung« ein. Die Kosten dafür betragen lediglich die Beglaubigungskosten für die Unterschriften und diese Sicherheit ist genau für ein Jahr gültig. Die Eigenmittel aus diesem Verkauf werden durch ein Bau- und Wohnkonto vorfinanziert und durch den Verkaufserlös zur Gänze wieder getilgt. In der Regel kann die Bank 80 % des durch die Bank ermittelten Wertes vorfinanzieren.

Versicherungen:

- Ablebensrisikoversicherung,
- Unfallversicherung
- Hausratsversicherung. Haftpflichtversicherung

Versicherungen – jeder hat Sie – wer braucht sie? Sie müssen sich folgendes vor Augen führen: Wenn Sie eine Eigentumswohnung mit Fremdmitteln erworben haben oder eine erwerben, was passiert, wenn Ihnen etwas zustößt? Kann sich die Familie ohne den Hauptverdiener die Kreditraten leisten? Dies ist eine sehr wichtige Frage, die Sie sich stellen sollten! – Wenn die Antwort NEIN heißt, dann ist es auf jeden Fall unerlässlich, sich gegen das Risiko des Ablebens zu versichern. Diese sogenannte Risikoversicherung wird in der Regel in jener Höhe abgeschlossen, die sich der überbleibende Partner (Darlehen minus Ablebensleistung) auch leicht leisten kann. Die monatliche Prämie orientiert sich vor allem an dem Alter der versicherten Person aber auch nach dem Gesundheitszustand, und dem Thema Raucher / Nichtraucher. Ich kann nur jedem raten, eine Ablebensversicherung über den Versicherungsmakler oder -agenten des Vertrauens abzuschließen.

Das selbige gilt natürlich auch für den Fall des »Unfalls«. – Sollten Sie oder Ihr Partner nach einem Unfall nicht mehr in der Lage sein, Ihrem Beruf nachzugehen, oder Sie brauchen aufgrund Ihres Unfalles einen speziellen Umbau der eigenen vier Wände, so ist es sehr wichtig, auch vor diesem Risiko eine Vorsorge zu treffen.

Es gibt kaum Mieter oder Wohnungseigentümer, welche noch über keine Haushaltsversicherung verfügen. Rund 85 % der Österreicher haben bereits ihren Wohnungsinhalt versichert. Die Haushaltsversicherung ist eine Bündelversicherung, die den gesamten Wohnungsinhalt der in der Polizze angegebenen Wohnung versichert. Das heißt, alles, was im Haushalt zur Einrichtung zählt oder zum Gebrauch dient. Üblicherweise besteht Schutz bei Schäden aus Feuer, Sturm, Leitungswasser, Einbruch und Glasbruch. Darüber hinaus inkludiert die Haushaltsversicherung meistens auch eine Privathaftpflichtversicherung. Diese leistet Schutz in Fällen von Schadenersatzverpflichtungen privatrechtlichen Inhalts gegenüber dem in der Polizze versicherten Personenkreis.

Die wohl verbreitetste Methode der Bewertung des Wohnungsinhaltes ist die Pauschalwertmethode. Diese Methode beruht in erster Linie auf der

Anzahl der Quadratmeter. Bei den meisten Gesellschaften spielt die Ausstattungsqualität auch eine wichtige Rolle (einfach, komfortabel, gehoben, exklusiv). Dieser dann entstehende Pauschalwert legt auch die Kosten dieser Versicherung fest!

Steuerliche Aspekte

In diesem Kapitel werden nur die steuerlichen Aspekte bei eigen genutzten Wohnungen erläutert. Bei Zweifel bitte immer bei dem Steuerberater Ihres Vertrauens oder beim Finanzamt nachfragen!

Im Gesetz ist definiert, dass »sämtliche Gewinne aus der Veräußerung von Grundstücken« der Einkommensteuer unterliegen. (Das heißt die Immobilienertragsteuer (ImmoEst) ist Teil der Einkommenssteuer). Zu Grundstücken gehören

- Grund und Boden
- Gebäude und auch
- grundstücksgleiche Rechte

Natürlich gilt die ImmoEst auch für Eigentumswohnungen.

Wie hoch ist die ImmoEst?

Entscheidend für die Höhe der ImmoEst ist immer das Objekt, um das es geht, und der Zeitpunkt des letzten entgeltlichen Erwerbes, also wann wurde die Liegenschaft gekauft.

Wenn diese am 31.03.2002 oder davor erworben wurde, dann können Sie davon ausgehen, dass für jeden Verkauf zumindest eine Steuer von 3,5 % vom Veräußerungserlös anfällt.

Wenn der letzte entgeltliche Erwerb nach dem 31.03.2002 war, so fällt eine Steuer von 25 % vom Veräußerungsgewinn an.

Bitte achten Sie hier unbedingt auf die genauen Definitionen »... vom Veräußerungserlös« oder »...vom Veräußerungsgewinn«.

Ausnahmen und Befreiungen

Die Ausnahmen und Befreiungen von der Immobilienertragsteuer sind möglich:

Hauptwohnsitzbefreiung
Herstellerbefreiung
Enteignung
Tauschvorgänge

Da die Hauptwohnsitzbefreiung die am häufigsten vorkommende Befreiung ist, möchte ich diese auch kurz erklären. Grundsätzlich ist der Verkauf einer Liegenschaft dann von der ImmoEst befreit, wenn diese dem Verkäufer mindestens die letzten beiden Jahre von der Anschaffung bis zum Verkauf durchgehend als Hauptwohnsitz gedient hat.

Eine weitere Möglichkeit für die Hauptwohnsitzbefreiung besteht, wenn die Liegenschaft in den letzten 10 Jahren zumindest 5 Jahre als Hauptwohnsitz gedient hat.

Versteigerungen

Sie suchen ein Schnäppchen? Stellen Sie sich, bevor sie zu einer Versteigerung gehen, die Frage, warum diese Immobilie nicht »freihändig« verkauft wird! Die Immobilie hat vielleicht einen Mangel, der nicht offensichtlich ist, oder sie ist derart abgewohnt, und es entsteht daher für Sie ein wesentlicher Mehraufwand für die Sanierung. In einer Region, wo die Nachfrage das Angebot von Immobilien übersteigt, wird sich das auch bei den Mitstreitern der Versteigerungen widerspiegeln. Setzen Sie sich wirklich vor der Teilnahme an der Versteigerung intensiv mit der Immobilie auseinander und machen Sie einen korrekten Finanzierungsplan!

Mein Tipp

Bei jeder Versteigerung ist ein Gutachten eines Sachverständigen vorhanden. Lesen Sie intensiv das »Langgutachten« durch. Dieses Gutachten wird Ihnen sachlich den Zustand der Immobilie beschreiben und Sie können sich ein Bild machen. Berücksichtigen Sie bei einer eventuellen Sanierungsmaßnahme genügend finanzielle Mittel.

Vor der Versteigerung gibt es meist noch einen gemeinsamen Besichtigungstermin, der durch das Gericht organisiert wird und im Internet unter www.edikte.justiz.gv.at veröffentlicht wird. Sollten Sie sich nicht sicher sein, ob Sie eine Bank finden, die Ihr Vorhaben finanziert, kontaktieren sie unbedingt vor der Versteigerung Ihre Bank, um die Rahmenbedingungen und auch die Besichtigung zu koordinieren.

Bei der Versteigerung selbst müssen Sie ein Vadium und einen Reisepass mitnehmen. Das Vadium beträgt in der Regel 10 % des vom Gericht festgestellten Verkehrswertes und muss in Form eines Losungswortsparbuches mitgebracht werden!

Anhang:

Im Anhang habe ich Ihnen praktische Listen und Hilfsmittel zur Kalkulation bzw. zur Immobiliensuche zusammengestellt. Zusätzlich finden Sie nützliche Links vor allem zu den aktuellen Wohnbauförderungen.

Alle Formulare (und natürlich noch weitere) finden Sie unter meiner Homepage im Downloadbereich:

www.wohntraumberater.at

Alle diese Formulare sind kostenlos für Sie zur Verfügung gestellt!

Finanzierungsplan:

Dieser Finanzierungsplan soll Ihnen einen Anhaltspunkt geben, wie hoch Ihr gesamter Finanzierungsbedarf ist:

			Betrag in €
Kaufpreis			
+Kaufnebenkosten:	Grunderwerbsteuer	3,5 %	
	Eigentumsrecht	1,1 %	
	Maklergebühren	3,6 %	
	Notarkosten	2 %	
Zwischensumme:			
+Ablösekosten			
+ Sanierungskosten	Elektrik		
	Sanitärkosten		
	Böden		
	Sonstiges		
+ Einrichtung	Küche		
	Sonstiges		
Zwischensumme:			
- Eigenmittel:	Bargeld		
	Verkauf Wohnung		
	Sonstiges		
- Förderung	Je Bundesland		
Zwischensumme	Finanzierungsbedarf		

Haushaltsrechnung:

Die Haushaltsrechnung bietet Ihnen einen Überblick wie sich die Leistbarkeit Ihrer Immobilie darstellt! Je genauer sie diese Haushaltsrechnung machen, desto besser ist Ihnen die langfristige Rate bewusst!

			Betrag in €
Einkommen	Kreditnehmer 1		
	Kreditnehmer 2		
	Nebeneinkommen		
	Kinderbeihilfe	Je € 170,-	
Summe	Einkommen		
Wohnkosten	Betriebskosten neu	2,5 € / m²	
Kommunikation	Handy, Internet, etc.	ca € 100,-	
Mobilität	KFZ	Ca € 300,-	
	Öffentlicher Verk.	ca € 50,-	
Versicherungen	Haushalt, Risiko, etc.		
Bestehende Raten	KFZ-Leasing		
	Ratenkauf		
	Kredit		
Summe	Ausgaben		
Differenz	Einnahmen		
	- Ausgaben		
Zur Verfügung			
Rate	Gem. Matrix		

Was suche ich?

Diese Checkliste sollte Ihnen Aufschluss geben, was Sie suchen und vor allem, was Sie brauchen, und eine Übersicht bieten, wo sich Unterschiede von Ihrem Bedarf zum zu besichtigten Objekt ergeben

Füllen Sie unbedingt vor Besichtigung Ihren Wunsch aus, damit Sie einen objektiven Überblick haben!

Wunsch	Besichtigung
Anzahl Zimmer	Anzahl Zimmer
Größe	Größe
Stockwerk	Stockwerk
Parkplatz	Parkplatz
Heizung	Heizung
Balkon Terrasse	Balkon Terrasse
Garten	Garten
Lift	Lift
Himmelsrichtung	Himmelsrichtung
Kosten	Kosten

Jetzt haben Sie einen Überblick, der Ihnen die Abweichung zwischen Wunschimmobilie und der gerade eben besichtigten Immobilie veranschaulichen soll! Nun müssen Sie sich überlegen, ob Sie bei den einzelnen divergierenden Punkten einen Kompromiss eingehen können bzw. wollen!

Checkliste für den Kauf einer Immobilie

Diese Liste soll Ihnen als Käufer die Schritte bis zum Eigentum darstellen, um einen reibungslosen Ablauf zu gewährleisten!

Links zu den regionalen Förderungen

Österreich-Überblick

https://www.help.gv.at/Portal.Node/hlpd/public/content/21/Seite.210301.html

Land Tirol

https://www.tirol.gv.at/bauen-wohnen/wohnbaufoerderung/

Land Vorarlberg

http://www.vorarlberg.at/vorarlberg/bauen_wohnen/wohnen/wohnbaufoerderung/start.htm

Land Niederösterreich

http://www.noe.gv.at/Bauen-Wohnen/Bauen-Neubau/Wohnbaufoerderung-Eigenheim.html

Land Salzburg

http://www.salzburg.gv.at/bw-wohnen.htm

Wien

https://www.wien.gv.at/wohnen/wohnbaufoerderung/

Land Oberösterreich

https://www.land-
oberoester-
reich.gv.at/cps/rde/xchg/ooe/hs.xsl/19646_DEU_HTML.htm

Land Burgenland

http://www.burgenland.at/wohnen-
energie/wohnen/wohnbaufoerderung/foerderung/

Land Steiermark

http://www.verwaltung.steiermark.at/cms/ziel/74837517/DE/

Land Kärnten

http://www.ktn.gv.at/42109_DE-ktn.gv.at-
THEMEN?detail=2&thema=1&subthema=15

Nützliche Links rund um die Immobilie

Die 5 größten Immobilienplattformen in Österreich

	Immobilien Österreich
www.willhaben.at	ca. 76.000
www.wohnnet.at	ca. 46.000
www.immobilienscout24.at	ca. 45.000
www.immodirekt.at	ca. 37.000
www.FindMyHome.at	ca. 19.800

Gefahrenzonen (Hochwasser, Starkregen, etc.)

www.hora.gv.at

Versteigerungen und Edikte

www.edikte.justiz.gv.at

Immobilienertragsteuer

https://www.bmf.gv.at/steuern/immobilien-grundstuecke/private-grundstuecksveraeusserungen.html

Auf meiner Homepage finden Sie noch weitere wertvolle Tipps rund um die Immobilie sowie eine Vielzahl von hilfreichen Links.

In meinem Download-Bereich können Sie alle nützlichen Formulare für Ihren persönlichen Gebrauch downloaden und ausdrucken!

Ich wünsche Ihnen für die Suche der Traumimmobilie viel Erfolg und viel Fingerspitzengefühl! Für Fragen stehe ich Ihnen natürlich auch jederzeit per Mail zur Verfügung!

Homepage:

www.wohntraumberater.at

Mail:

Info@wohntraumberater.at